Graham MacLachlan

Les nœuds

D0833366

FIRST
Editions

© Éditions First, 2009

Le Code de la propriété intellectuelle interdit les copies ou reproductions destinées à une utilisation collective. Toute représentation ou reproduction intégrale ou partielle faite par quelque procédé que ce soit, sans le consentement de l'auteur ou de ses ayants cause est illicite et constitue une contrefaçon sanctionnée par les articles L. 335-2 et suivants du Code de la propriété intellectuelle.

ISBN : 978-2-7540-1312-3

Dépôt légal : 2e trimestre 2009
Imprimé en Italie
Édition : Aurélie Starckmann
Mise en page : ReskatoЯ 🐌
Illustrations de couverture : *Knots, Splices and Rope Work*, de A. Hyatt Verrill
Conception couverture : Olivier Frenot

Éditions First
60, rue Mazarine
75006 Paris
Tél. : 01 45 49 60 00
Fax : 01 45 49 60 01
E-mail : firstinfo@efirst.com

Site internet : www.editionsfirst.fr

Introduction

Sans doute l'une des technologies de l'homme les plus anciennes, les nœuds continuent de faire partie de notre quotidien pour lier, attacher ou tout simplement décorer une multitude d'objets à la maison, au travail ou pendant nos loisirs. En effet, que ferait le joueur de tennis sans le nœud pour attacher son cordage de raquette? le coureur sans ses nœuds de lacet? le marin sans ses innombrables nœuds pour établir ses voiles? Certes, à cette époque d'industrie et de consommation, il est possible de se procurer exactement l'outil, la pièce ou les services du spécialiste qu'il faut, mais le fait de connaître les nœuds confère au noueur une certaine liberté d'action, surtout dans les régions où les magasins et les fournisseurs font défaut!

Avec ce petit livre sur les nœuds, fini les serviettes qui traînent par terre, car le fil à linge est mou comme une banane, fini les cadeaux scotchés à tout-va, fini les lacets qui ne font que se défaire, fini la ligne de remorque qui se détache...

IGKT – L'association des noueurs

Pour tout lecteur qui, après avoir découvert ce petit livre, cherche à approfondir ses connaissances en termes de nœuds, il existe une association consacrée aux nœuds qui s'appelle *La guilde internationale des faiseurs de nœuds* (*International Guild of Knot Tyers* ou *IGKT*).

Depuis l'an 2000, la section française de l'IGKT favorise les rencontres et les échanges de ses membres, et diffuse un bulletin d'information trisannuel, *Sac de nœuds*. On peut contacter l'association par e-mail à igktfrance@gmail.com ou son site internet à www.igktfrance.com.

TERMES TECHNIQUES

•

Quelques concepts de base

La meilleure façon d'apprendre à faire des nœuds, pour bien comprendre les gestes, est de regarder quelqu'un les réaliser. Cela est bien sûr impossible dans le cadre de ce petit livre, donc il faut nous contenter de dessins et de textes explicatifs. Comme l'a dit quelqu'un de très sage dont j'ai oublié le nom : « Une image vaut un millier de mots. » J'aurais pu dessiner chaque étape dans la construction de tel ou tel nœud, mais pour nous épargner un procédé si ennuyeux, je vous propose, dans les pages suivantes, les concepts de base qui vous serviront à bien comprendre les textes en accompagnement des dessins.

Tout d'abord, un nœud est l'assemblage d'une ou de plusieurs cordes dans une figure donnée et raisonnée, et surtout dans un but précis : les nœuds doivent servir à quelque chose, soit dans un but pratique, soit dans un but décoratif, ou encore les deux à la fois.

Une corde a forcément deux bouts : pour les besoins de ce livre, nous allons appeler, selon la coutume des marins, le « courant » pour l'extrémité de la corde disponible pour faire le nœud (fig. 1c), le « dormant » pour la partie inutilisée (fig. 1a) et le «ballant» la partie entre les deux (fig. 1b). Notons que, sur les dessins, le bout du courant est toujours fermé d'un trait, et que le bout du dormant est toujours ouvert pour donner l'impression que la corde se poursuit.

a   fig. 1

b   c

Si l'on prend le courant et que l'on replie une courte longueur de corde sur le dormant, nous allons parler d'une «ganse» (fig. 2). Les ganses sont particulièrement utiles pour faciliter le dénouement et peuvent avoir une vocation décorative (*cf.* le nœud de lacet).

fig. 2

«Doubler» (fig. 3) signifie replier la corde sur une longueur suffisamment grande pour que les extrémités deviennent toutes les deux dormantes et que la ganse devienne la partie manipulée pour faire le nœud – pour ainsi dire, le courant (*cf.* le nœud de chaise sur le double).

fig. 3

En passant le courant sur le dormant, on obtient une ganse fermée, qu'on appelle un «tour» (fig. 4a), le point d'intersection entre le courant et le dormant étant un «croisement» (fig. 4b).

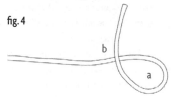

fig. 4

Enfin, une dernière figure est le «tour mort» (fig. 5), qui est un tour de 360° fait avec le courant pour qu'il revienne parallèlement au dormant. Le tour mort intervient dans beaucoup de nœuds pour augmenter la friction entre la corde et l'objet sur lequel elle est attachée (*cf.* le nœud de bosse) ou pour augmenter la surface de charge de la corde sur un objet légèrement tranchant (*cf.* le nœud de chaise avec un tour mort).

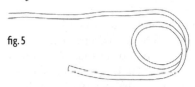

fig. 5

L'importance des croisements

La règle générale, mais non absolue, qui guide le bon noueur dans ses pérégrinations nodologiques est que le courant doit passer alternativement par-dessus et par-dessous le dormant, s'il veut créer un nœud qui tienne. Une série de trois croisements, dessus-dessous-dessus ou dessous-dessus-dessous, s'appelle une «passe» (fig. 1a-a, b-b), et il faut un minimum d'une passe pour faire un nœud qui tienne sans support supplémentaire (*cf.* le nœud simple et le nœud de cabestan).

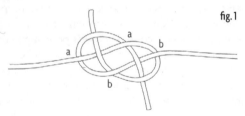

fig. 1

Respecter l'ordre des croisements est très important, car cela peut faire la différence entre un nœud qui tient et pas de nœud du tout! Par exemple, celui de la figure 2 est fait de trois croisements, dont un dessus (fig. 2a), un dessous (fig. 2b), puis à nouveau un dessus (fig. 2c). Ce dernier croisement «verrouille» le tout et permet de créer, une fois serré, un nœud qu'on appelle le «nœud simple». Inversement, l'ordre des croisements dans la figure 3 est : dessus (fig. 3a), dessous (fig. 3b) et dessous (fig. 3c). Cette figure, appelée «bretzel», ne comporte aucun croisement qui verrouille et ne peut pas être considérée comme un nœud : secouez la corde, et la figure disparaîtra.

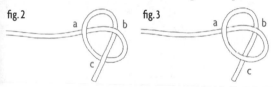

fig. 2   **fig. 3**

De la même manière, remplacer un croisement «dessus» par un croisement «dessous» peut altérer les bonnes qualités d'un nœud puis, dans certaines conditions, entraîner des conséquences désastreuses. Prenons comme exemple de «bon nœud» le nœud droit (fig. 4), qui est assez fiable pour relier deux cordes ensemble (sauf pour l'escalade : *cf.* le nœud droit) et qui est facile à défaire. Notons qu'il est parfaitement symétrique car le courant et le dormant de la corde de gauche passent par-dessus la ganse de la corde de droite (fig. 4a, b), et inversement le courant et le dormant de la corde de droite passent par-dessous la ganse de la corde de gauche (fig. 4c, d). Si au contraire on passait le courant de chaque corde sur le côté de la ganse opposé à son propre dormant, on obtiendrait le nœud de vache (fig. 5), qui a tendance à glisser avant de se stabiliser finalement en nœud et, sous une forte traction, devient très difficile à défaire sans couteau!

fig. 4

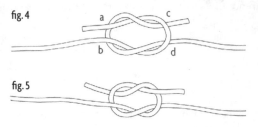

fig. 5

Quel type de nœud?

Traditionnellement, les marins français distinguaient deux groupes de nœuds : les nœuds proprement dits, faits d'une ou de plusieurs cordes, et les épissures, qui sont confectionnées en modifiant la construction même de la corde. Cependant, cette distinction est une convention plutôt qu'une vérité absolue, et ne résiste pas à une analyse trop appuyée. Les navigateurs anglophones faisaient la même distinction et ajoutaient trois catégories de plus, qui sont les *knots*, les *bends* et les *hitches*, traduits tous les trois en français par le mot «nœud»! Une classification plus utile pourrait consister dans les termes suivants : «nœud d'attache», «nœud d'ajut», «nœud de bosse» (pour former une bosse, à ne pas confondre avec *le* nœud de bosse! *cf.* p. 102) et «nœud de boucle». Parlons-en…

Le nœud d'attache sert à fixer une corde sur un support sans manipulation particulière de ce dernier. Ôtez le support, il se défait aussitôt. Un bon exemple de nœud d'attache est celui de cabestan (fig. 1).

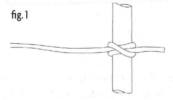

fig. 1

Un nœud d'ajut est utilisé pour réunir ou abouter deux cordes afin d'en faire une seule : les extrémités des deux cordes s'entrelacent pour confectionner le nœud. Le nœud d'écoute est l'archétype des nœuds d'ajut (fig. 2).

fig. 2

Le nœud de bosse n'a nul besoin d'autre support que la corde avec laquelle il est confectionné. Son but est d'augmenter le diamètre d'une corde à un endroit donné pour, entre autres, empêcher la corde de passer à travers un trou de diamètre plus petit (ex. : un bouton de veste ou une corde dans une poulie), ce que les marins appellent un «nœud d'arrêt». Comme exemple de nœud de bosse, nous pouvons citer celui en huit (fig. 3).

fig. 3

Enfin, un nœud de boucle forme, soit sur l'extrémité, soit au milieu d'une corde, un anneau de diamètre fixe, comme le nœud de chaise (fig. 4), ou de taille ajustable, comme le nœud coulant (fig. 5).

fig. 4

fig. 5

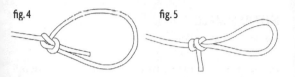

Serrage

Enfin, l'action de nouer comporte deux étapes distinctes : la mise en place de la structure du nœud et le serrage (fig. 6). Des deux, c'est toujours ce dernier qui pose le plus de problèmes et qui permet aux spectateurs de distinguer un noueur expérimenté d'un débutant, car ce dernier veut toujours aller trop vite. À ce propos, le seul mot d'ordre utile à tout nodologue en herbe est le suivant : «patience»!

fig. 6

# LES NŒUDS ÉLÉMENTAIRES

NŒUD SIMPLE

Anglais : *overhand knot*

Difficulté : ★★★

Le nœud simple est souvent confondu avec le demi-nœud et la demi-clé, car ils partagent tous la même forme de départ. Toutefois, la différence du nœud simple est que, contrairement aux deux autres, il se noue sans support : c'est un nœud d'arrêt. Il est beaucoup utilisé par les tailleurs pour démarrer une couture et par les marins pressés pour empêcher une corde de s'effilocher en attendant de faire une vraie surliure. Chez les grimpeurs, faire une série de nœuds simples sur une corde la rend plus facile à grimper (*cf.* la corde à nœuds).

Méthode : faisons un tour (fig. 1), puis passons le courant à travers ce tour en respectant l'alternance des croisements (fig. 2) ; une fois serré, il forme une petite pomme sur la corde (fig. 3).

fig. 1

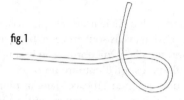

fig. 2

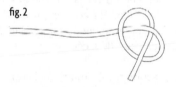

fig. 3

DEMI-NŒUD

Anglais : *half knot*   Difficulté : ★★★

On confond facilement le nœud simple, la demi-clé et le demi-nœud, mais ils sont en vérité bien différents. Le demi-nœud a la même forme que le simple, mais sa particularité est qu'il entoure un objet : c'est une ligature, quoique peu efficace dans la plupart des situations. Mis à part ces qualités nodologiques, ce qu'il convient de retenir est que le support passe à travers le point central du nœud (fig. 1a). Le demi-nœud intervient dans la confection de beaucoup d'autres nœuds, notamment du nœud plat, du nœud droit et de tous ceux de lacet.

Méthode : plaçons un courant sur l'autre (fig. 2a), puis passons-le par-dessous (fig. 2b) et par-dessus (fig. 2c) ; enfin, tirons sur les extrémités pour serrer le nœud (fig. 3) ; pour plus de solidité, ajoutons une deuxième passe, ce qui transformera le demi-nœud en nœud de chirurgien.

fig. 1

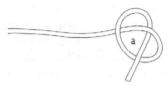

fig. 2

fig. 3

DEMI-CLÉ

Anglais : *half hitch*   Difficulté : ★☆☆

La demi-clé (fig. 1) est un nœud d'attache dont le courant est coincé entre un support et l'appui de son dormant pour se verrouiller (fig. 2). Il est sans doute le plus simple de tous les nœuds, plus simple même que le nœud simple ! Noué directement sur un support, il est très, très instable, car il ne crée que peu de friction. Pour améliorer sa prise, il convient de passer un tour autour du support (fig. 3), puis de faire la demi-clé autour de son propre dormant (fig. 4), ce qui fait une sorte de nœud coulant. Néanmoins, il faut veiller à ce que le dormant appuie bien sur le courant pour qu'il tienne convenablement (fig. 5). Si l'on compare ce nœud au nœud simple, le support serait inséré entre le courant et le fond de la ganse (fig. 6a). La demi-clé est particulièrement utile pour sécuriser un nœud qui risque de glisser avec le temps (*cf.* le nœud d'emballeur).

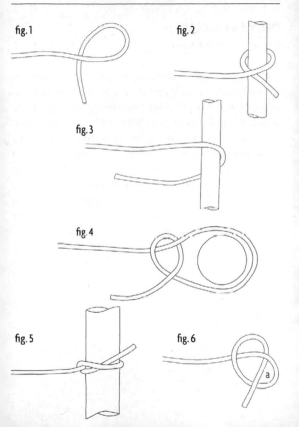

fig. 1

fig. 2

fig. 3

fig. 4

fig. 5

fig. 6

DEUX DEMI-CLÉS

Anglais : *two half hitches*   Difficulté : ★ ☆ ☆

Parce qu'une seule demi-clé risque de se défaire si son dormant subit des mouvements, on y ajoute une deuxième demi-clé pour la rendre sûre (fig. 1). Ce nœud est infiniment plus fiable qu'une seule demi-clé, car le courant se trouve alors coincé entre les deux tours des demi-clés (fig. 2), le support n'étant plus un facteur de solidité du nœud. Effectuer un tour mort sur le support avant de faire les demi-clés rend le nœud encore plus stable. Enfin, notons en passant que deux demi-clés côte à côte sur le même support constituent un nœud de cabestan.

fig. 1

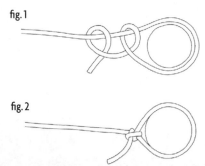

fig. 2

NŒUD DE PASSEUR

Anglais : *ferryman's hitch*   Difficulté : ★ ★ ★

Une autre solution pour rendre la demi-clé plus fiable, avec le moindre effort, est de passer le courant dans la boucle réglable (fig. 1). J'ai vu des marins utiliser ce nœud, sur la rivière Paraná en Argentine, afin d'amarrer temporairement leurs bacs lors de l'embarcation de passagers. Pour une bonne fiabilité du nœud, assurons-nous que le courant se fait coincer entre le support et l'intersection des deux demi-clés qui forment le nœud (fig. 2).

fig. 1

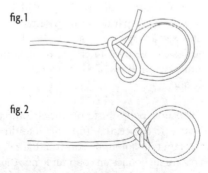

fig. 2

LES NŒUDS D'ARRÊT

NŒUD EN HUIT

Anglais : *figure-of-eight knot*

Difficulté : ★ ★ ★

Un peu plus volumineux que le simple, le nœud en huit est aussi un nœud d'arrêt et prend son nom de sa forme qui ressemble au chiffre 8. Toute école de voile digne de ce nom apprend aux petits mousses à faire un nœud en huit sur le bout des écoutes pour les empêcher de sortir des poulies. Sinon, cet élément constitue le point de départ de toute une série, surtout dans l'escalade où il a une bonne réputation de solidité.

Méthode : comme pour le nœud simple, nous commençons avec un tour, ou demi-clé (fig. 1), mais cette fois-ci le courant passe par-dessous le dormant (fig. 2) avant de passer à travers le tour (fig. 3). Une fois serré, il ne ressemble plus au chiffre 8, mais plutôt à une pomme de taille assez conséquente (fig. 4) et peu esthétique.

NB : il existe une petite histoire qui accompagne l'apprentissage de ce nœud : «Tu fais la tête du prof (fig. 1), tu fais un tour autour de son cou (fig. 2), serre bien, puis paf! tu lui donnes un coup sur le nez (fig. 3)!»

fig.1

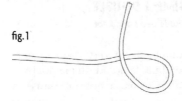

fig.2

fig.3

fig.4

NŒUD SIMPLE DOUBLE

Anglais : *double overhand knot*   Difficulté : ★★☆

Aussi volumineux, mais esthétiquement plus joli que le nœud en huit, le nœud simple double est l'un des nœuds d'arrêt les plus méconnus, sans doute injustement. Il est assez décoratif, mais son principal atout est qu'il constitue l'étape intermédiaire entre le nœud simple et d'autres plus complexes. En effet, il faut apprendre ce petit coup de main avant de s'attaquer à l'apprentissage des nœuds de capucin et d'échafaud.

Méthode : faisons un nœud simple, puis ajoutons deux croisements de plus (fig. 1a, b) ; ensuite, tirons doucement sur le courant tout en positionnant le ballant (fig. 2a) sur le deuxième croisement (fig. 2b), puis rapprochons les deux moitiés du nœud (fig. 3a, b) ; enfin, serrons progressivement pour donner un bel aspect au nœud simple double (fig. 4).

fig. 1

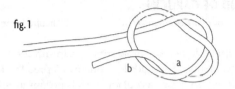

fig. 2

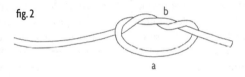

fig. 3

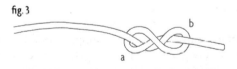

fig. 4

NŒUD DE CAPUCIN

Anglais : *multiple overhand knot*   Difficulté : ★★★

On appelle le nœud simple triple, ayant un total de 6 croisements, le «nœud de capucin» d'après l'ordre des moines franciscains qui font de tels nœuds avec la corde qu'ils utilisent en guise de ceinture. On dit que les marins munissaient chaque lanière de leur célèbre fouet, le chat à 9 queues, d'un nœud de capucin : aïe ! on peut bien comprendre pourquoi ils l'appelaient le «nœud de sang» ! Prisé par les plaisanciers de la voile aujourd'hui, on peut le trouver également comme décoration sur les chaussures de pont. Une fois qu'on a compris le serrage du capucin, on peut continuer d'ajouter des croisements pour faire des nœuds de plus en plus longs.

Méthode : faisons un nœud simple double, puis ajoutons une passe de plus (fig. 1) ; ensuite, tirons sur les deux extrémités en s'assurant que le ballant se positionne au milieu du nœud (fig. 2a) ; rapprochons les tours tout doucement (fig. 3), puis serrons progressivement le nœud (fig. 4).

fig. 1

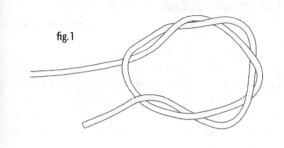

fig. 2

a

fig. 3

fig. 4

POMME DE TOULINE

Anglais : *monkey fist*   Difficulté : ★★☆

Très prisée par les jeunes loups de mer pour faire des porte-clés, la pomme de touline était à l'origine un nœud d'arrêt pour lester l'extrémité d'une corde à lancer, ce que les marins appellent le «lance-amarre». L'intérieur du nœud étant creux, il convient de le remplir de chiffons ou de le faire autour d'une bille ou d'autre objet sphérique.

Méthode : faisons un tour mort et demi autour des doigts (fig. 1), puis passons le courant derrière les premiers tours (fig. 2) et faisons encore un tour mort et demi autour (fig. 3) ; pour verrouiller le nœud, passons le courant à travers les premiers tours (fig. 4), puis faisons à nouveau un tour et demi autour du milieu (fig. 5) ; introduisons une bille ou du chiffon dans le nœud, puis serrons progressivement (fig. 6) ; enfin, coupons une extrémité et faisons une boucle de pêcheur dans l'autre pour compléter le porte-clés (fig. 7).

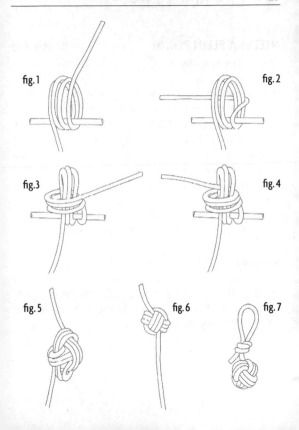

fig. 1

fig. 2

fig. 3

fig. 4

fig. 5

fig. 6

fig. 7

LES BOUCLES

NŒUD À PLEIN POING
Anglais : *overhand loop*

Boucle fixe

Difficulté : ★ ★ ★

La plus simple de toutes les boucles, le nœud à plein poing, est très solide et se fait sur le double (sans recours à une extrémité), mais elle est très difficile à défaire après une forte traction. On la voit souvent à la ferme, car c'est un nœud que certaines ramasseuses-presses font pour attacher les balles de foin. Un bon point en sa faveur est qu'on n'a pas besoin d'accéder aux extrémités de la corde pour le réaliser : c'est un nœud qui peut être fait «sur le double», ce qui se révèle indispensable dans certaines circonstances.

Méthode : doublons la corde ou faisons une longue ganse (fig. 1), puis un nœud simple en tenant compte de la taille de boucle voulue (fig. 2); soignons le serrage pour faire un nœud de plein poing le plus joli possible (fig. 3).

fig. 2

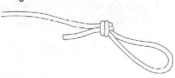

fig. 3

BOUCLE EN HUIT
Anglais : *figure-of-eight loop*

Boucle fixe
Difficulté : ★ ★ ★

Beaucoup plus fiable que le nœud à plein poing, et plus facile à défaire, la boucle en huit a trouvé grâce aux yeux des alpinistes pour fixer un mousqueton sur une corde : on peut lui confier sa vie. Certes, elle mérite d'être utilisée dans d'autres domaines mais, pour le moment, il semble que les marins lui préfèrent le nœud de chaise et que les paysans aient d'autres chats à fouetter. Il est vrai que ce n'est pas un beau nœud, mais parfois on doit renoncer à l'esthétique en faveur de la pratique !

Méthode : doublons la corde (fig. 1), puis faisons un nœud en huit avec la ganse (fig. 2) et serrons progressivement le tout (fig. 3) afin d'éviter d'avoir du jeu lors de la mise en application. Notons que c'est une bonne idée d'ajouter le mousqueton, la manille… sur la ganse avant de faire le nœud en huit !

fig. 1

fig. 2

fig. 3

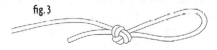

NŒUD DE CHAISE

Boucle fixe

Anglais : *bowline knot*

Difficulté : ★★★

Traditionnellement le roi des nœuds, car il est à la fois fiable et facile à défaire, même après une forte traction. Aujourd'hui, il est moins coté dans certains secteurs, notamment dans l'escalade et la voile, car les nouvelles matières utilisées pour faire des cordes lui sont défavorables. Néanmoins, c'est un nœud très utile dans la plupart des situations qui exigent une boucle fixe, et il a tout à fait sa place dans le répertoire du noueur. Pour le défaire après une forte traction, il suffit de pousser sur la ganse qui entoure le dormant, et le nœud s'ouvre comme une huître.

Méthode : pour apprendre ce nœud aux jeunes, on raconte l'histoire suivante : faisons un puits (fig. 1) ; un serpent sort du puits (fig. 2), fait le tour de l'arbre et redescend dans le puits (fig. 3). Notons, en termes techniques, que le «puits» est un tour, ou demi-clé, que le «serpent» est le courant et que l'«arbre» est le dormant.

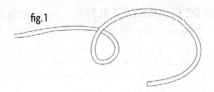

fig. 1

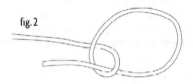

fig. 2

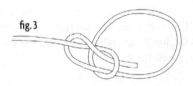

fig. 3

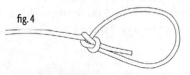

fig. 4

NŒUD DE CHAISE DE CALFAT   Boucle fixe

Anglais : *Portuguese bowline*   Difficulté : ★★☆

On suppose qu'à l'origine le «nœud de chaise» est un nœud dans lequel on peut s'asseoir pour monter dans la mâture d'un bateau, ou même une solution de fortune pour embarquer et débarquer des passagers. La chaise de calfat était sans doute une amélioration car ses deux boucles (fig. 5) sont liées et réglables : agrandir l'une va réduire l'autre (fig. 6). Le passager s'assoit sur l'une des boucles, puis l'autre entoure et soutient son dos. Pour un usage prolongé, il faut songer à mettre en place une planche en bois pour rendre la «chaise» plus confortable car, après un quart d'heure seulement, on ressent des fourmis dans les jambes. Un «calfat» est un ouvrier marin qui a pour responsabilités l'étanchéité de la coque et le pont d'un bateau en bois.

Méthode : commençons à la manière d'un nœud de chaise classique (fig. 1), puis passons le courant deux fois à travers la demi-clé du dormant (fig. 2, 3), avant de verrouiller le nœud (fig. 4).

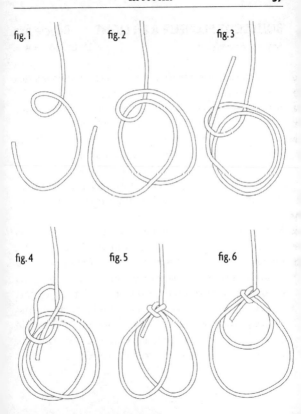

fig. 1

fig. 2

fig. 3

fig. 4

fig. 5

fig. 6

BOUCLE DE PÊCHEUR À LA LIGNE   Boucle fixe

Anglais : *angler's loop*   Difficulté : ★★☆

De forme très raisonnée, cette boucle tient bien sur des cordes lisses ou élastiques mais, malgré son nom, elle n'est que peu, voire jamais, utilisée par les pêcheurs à la ligne. Chez les marins, elle n'a jamais supplanté le nœud de chaise, sans doute parce qu'elle est difficile à exécuter avec des cordes de gros diamètre comme les amarres des navires. Un autre bémol est qu'elle est dure à défaire après une forte traction. Cela dit, elle représente quand même un joli coup de main.

Méthode : commençons par un nœud en huit sans passer le courant à travers le tour de départ (fig. 1) ; ensuite, replions le courant sur lui-même pour faire un tour entre les deux ganses du «8», puis passons le tour près du dormant à travers le tour de départ (fig. 2). Notons bien que ce nœud a la même forme que le nœud coulant, mais la demi-clé qui verrouille la boucle est aussi prise dans le demi-nœud (fig. 3a). La figure 4 montre le nœud bien serré.

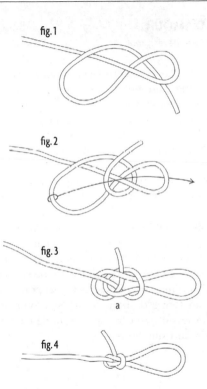

fig. 1

fig. 2

fig. 3

a

fig. 4

LACS D'AMOUR

Anglais : *true-lover's knot*

Boucle fixe

Difficulté : ★★☆

Ce nœud est associé à une vieille histoire de la marine canadienne : un jeune marin amoureux donne ce nœud à l'objet de son désir. La fille en question est censée serrer le nœud pour indiquer que son amour est réciproque ou le défaire pour rompre toute négociation ! Quelle que soit la véracité du récit, et le résultat des négociations, les lacs d'amour font une très jolie boucle qui peut servir, par exemple, de lanière pour porter un sifflet d'arbitre ou des clés autour du cou.

Méthode : doublons la corde et faisons un nœud simple d'un côté, puis passons le courant d'en face à travers celui-ci (fig. 1a) ; ensuite, nouons un deuxième nœud simple et tirons la ganse et les deux dormants dans des directions opposées (fig. 2) pour serrer le nœud en forme de pomme (fig. 3). N'oublions pas d'enfiler le sifflet sur la corde avant de faire le deuxième nœud simple.

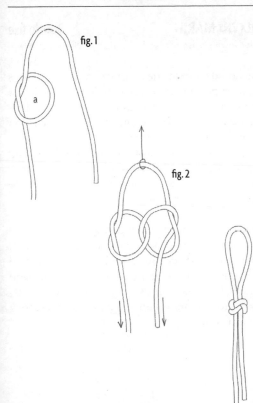

fig. 1

a

fig. 2

fig. 3

CROIX DU MARIN

Anglais : *sailor's cross*

Boucle fixe

Difficulté : ★★☆

Ce joli nœud en forme de croix est un cousin des lacs d'amour et pourrait tirer son nom de la constellation Crux qui indique le sud aux marins naviguant dans les mers en dessous de l'équateur (cette constellation apparaît, d'ailleurs, sur plusieurs drapeaux nationaux, notamment ceux de l'Australie, du Brésil et de la Nouvelle-Zélande). Nœud décoratif par excellence, la croix du marin aura sa place sur tout tableau de nœuds digne de ce nom.

Méthode : commençons comme pour les lacs d'amour (fig. 1) mais, au lieu de tirer sur les deux extrémités, tirons le ballant de chaque nœud simple à travers le croisement de son correspondant (fig. 2) pour faire apparaître les deux boucles latérales du nœud (fig. 3) ; enfin, serrons le nœud en soignant les dimensions des boucles (fig. 4).

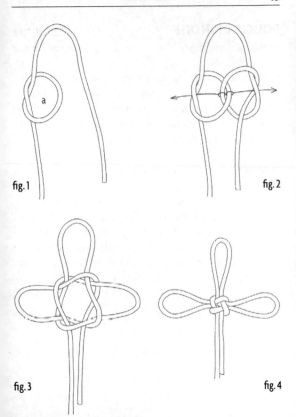

fig. 1

fig. 2

fig. 3

fig. 4

BOUCLE CHINOISE
Anglais : *Chinese loop*

Boucle fixe

Difficulté : ★★☆

Surtout décorative, la boucle chinoise est néanmoins un nœud fiable dans la plupart des situations, malgré sa construction un peu laborieuse. C'est un nœud original à faire figurer sur tout tableau de nœuds, mais ce n'est toutefois pas un nœud marin.

Méthode : faisons une ganse (fig. 1a), puis un tour (fig. 1b) en passant le courant par-dessous son dormant et par-dessus la ganse du départ (fig. 1) ; ensuite, replions le courant derrière la ganse (fig. 2a) et passons-le à travers le tour (fig. 2b) ; pour verrouiller le tout, passons le courant à travers la ganse de départ (fig. 3a). Une fois serré, le nœud est aussi joli d'un côté (fig. 4) que de l'autre (fig. 5).

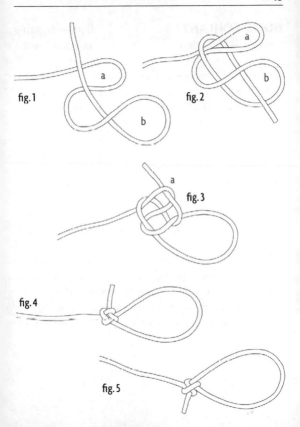

fig. 1

fig. 2

fig. 3

fig. 4

fig. 5

NŒUD COULANT

Boucle réglable

Anglais : *overhand noose*

Difficulté : ★★★

Utilisé par les maçons pour ajuster la longueur d'un fil à plomb, le nœud coulant est une boucle réglable facile à nouer et à bloquer. C'est sans doute cette simplicité de mise en œuvre qui fait de lui le plus connu de ce genre de nœud. Il peut aussi servir comme laisse de chien (ou de tout autre animal), à condition que l'on bloque le nœud avec une demi-clé autour du dormant pour ne pas étrangler la pauvre bête.

Méthode : faisons un bretzel (fig. 1), puis tirons le ballant sous la ganse à travers cette dernière pour faire une sorte de nœud simple dont le courant est à côté de son dormant (fig. 2) ; ensuite, ajustons la boucle aux dimensions voulues, puis formons une demi-clé sur le dormant (fig. 3) pour la bloquer (fig. 4). On attache le plomb de maçon (ou tout autre objet) à la boucle au moyen d'une tête d'alouette sur le double.

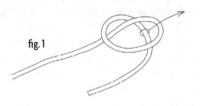

fig. 1

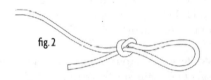

fig. 2

fig. 3

TOUR MORT
ET DEUX DEMI-CLÉS   Boucle réglable

Anglais : *round turn and two half-hitches*   Difficulté : ★ ★ ★

Pour attacher une corde sous tension, il est conseillé de commencer avec un tour mort sur le point fixe, car cela permet au noueur de libérer une de ses mains pour faire le nœud. C'est pour cette raison que le tour mort et deux demi-clés forment le meilleur nœud pour attacher un bateau en plein jusant ou un cheval rendu nerveux par des piqûres de taon : il est conçu pour le feu de l'action et il est indispensable pour tout noueur actif !

Méthode : faisons un tour mort sur le support (fig. 1) et posons une main sur le tour mort (fig. 1M) pour retenir la tension, puis faisons deux demi-clés avec l'autre (fig. 2) ; soignons le serrage (fig. 3). Ajoutons en passant que les deux demi-clés ont la même forme que le nœud de cabestan.

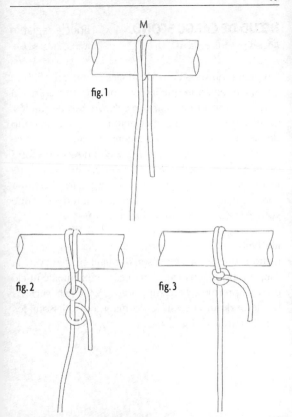

fig. 1

fig. 2

fig. 3

NŒUD DE CARGUE FOND

Anglais : *buntline hitch*

Boucle réglable

Difficulté : ★★☆

On peut rendre les deux demi-clés encore plus fiables en faisant en sorte que le courant se trouve coincé à côté du support : on a inversé l'ordre des demi-clés. Ce nœud est très tenace et peut résister à beaucoup de secousses et de mouvements brusques sans se défaire. En plus, la forme du nœud de cargue fond est identique à celle du nœud de cravate, mais sans le tour mort. Pour l'histoire, une cargue fond est une corde qui sert à lever la bordure (côté inférieur) d'une voile carrée en vue de la ferler…

Méthode : passons la corde autour du support, puis mettons une demi-clé sur son dormant en allant vers le support (fig. 1) ; ensuite, ajoutons la deuxième demi-clé entre la première et le support (fig. 2) ; enfin, serrons les deux demi-clés sur le dormant, puis glissons-les vers le support (fig. 3).

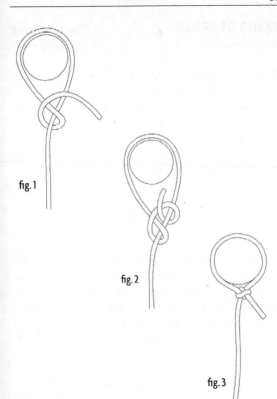

fig. 1

fig. 2

fig. 3

NŒUD DE DRISSE

Boucle réglable

Anglais : *midshipman's hitch*

Difficulté : ★★☆

Voilà un nœud de boucle très pratique qui peut servir à tendre un fil à linge, à retenir une drisse de voile d'un petit voilier (d'où son nom), à monter une tente, à mettre en place un filet de badminton dans le jardin… bref, le nœud tendeur par excellence ! Malgré sa conception simple, il tient la corde sur laquelle il est fait avec une prise de fer qu'on peut glisser sur sa longueur pour la tendre ou la détendre.

Méthode : attachons une extrémité à un point fixe (fig. 1a), puis passons l'autre dans une boucle fixe (fig. 1c) ou autour d'un support ; ensuite, faisons un tour avec le courant sur le dormant (fig. 1b), puis un deuxième tour à gauche du premier (fig. 2) ; sous tension, le courant se fait coincer entre les deux tours (fig. 3) ; on peut toujours ajouter une demi-clé autour du dormant pour sécuriser le tout (fig. 4). La figure 5 montre le nœud sous tension.

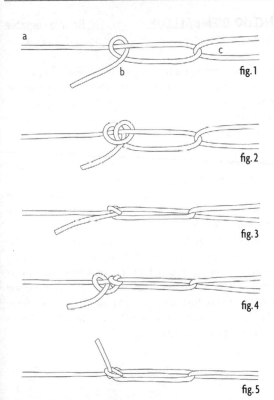

fig. 1

fig. 2

fig. 3

fig. 4

fig. 5

NŒUD D'EMBALLEUR   Boucle réglable

Anglais : *packer's knot*   Difficulté : ★ ★ ★

Dérivé du nœud en huit, le nœud d'emballeur permet de serrer une corde autour d'un objet pour retenir son emballage en place. Il est parfait pour remplacer le Scotch sur un paquet ou retenir une vieille couverture autour d'un précieux piano lors de son transport !

Méthode : faisons un nœud en huit sur une extrémité de la corde (fig. 1), puis passons la corde autour de l'objet et l'autre bout à travers la boucle du nœud en huit, de sorte que les deux courants soient côte à côte et aillent dans le même sens (fig. 2) ; ensuite, serrons le nœud en huit, puis tirons sur l'autre extrémité jusqu'à ce que la corde soit bien tendue (fig. 3), sans toutefois endommager l'objet qu'elle entoure ; pour finir, ajoutons une demi-clé autour de l'extrémité sur laquelle est réalisé le nœud en huit (fig. 4). Pour faire un joli paquet, nouons les deux extrémités (fig. 5) avec un nœud de lacet.

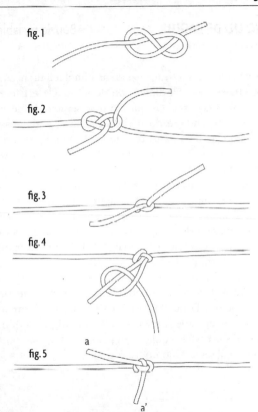

fig. 1

fig. 2

fig. 3

fig. 4

fig. 5

NŒUD DE LAGUIS

Anglais : *running bowline*

Boucle réglable

Difficulté : ★ ★ ★

Voilà comment transformer en un clin d'œil un nœud de chaise, dont la dimension de la boucle est fixe, en nœud coulant. On profite non seulement de la fiabilité légendaire du nœud de chaise, mais aussi de sa propension à se défaire facilement après une forte tension. Les marins le préconisent pour récupérer au lasso un objet tombé à l'eau et les alpinistes peuvent l'utiliser pour amarrer leurs cordes à un rocher proéminent ou à tout autre support résistant. Cependant, comme tout nœud coulant, il n'est pas recommandé de l'employer en tant que laisse pour un chien ou un autre animal, car il y a bien sûr un risque d'étranglement !

Méthode : faisons un nœud de chaise à l'extrémité de la corde (fig. 1), puis plaçons celui-ci sur son dormant et tirons la corde à travers sa boucle (fig. 2) ; enfin, passons la boucle coulante (fig. 3a) autour du support ou de l'objet à contraindre (fig. 4).

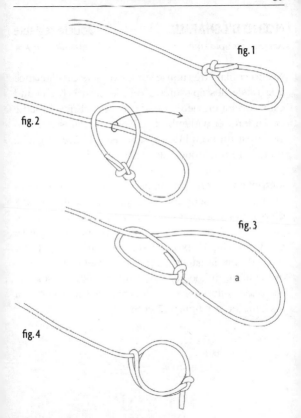

fig. 1

fig. 2

fig. 3

a

fig. 4

NŒUD D'ÉCHAFAUD
Anglais : *scaffold knot*

Boucle réglable
Difficulté : ★★★

Nœud coulant très utilisé sur les voiliers de plaisance à la place des épissures à œil, le nœud d'échafaud est pourtant un vieux nœud cité dans l'Encyclopédie de Diderot et d'Alembert publiée au xviiie siècle ! En fait, c'est un nœud de capucin associé à une ganse pour faire une boucle de taille variable.

Méthode : faisons une ganse (fig. 1), puis une deuxième dans le sens contraire (fig. 2) ; ensuite, faisons deux tours morts autour des dormants de la première ganse (fig. 3). Serrons le nœud en tirant sur la ganse de droite (fig. 4), puis passons le tour de la droite (fig. 4a) vers la gauche (fig. 5a) et recentrons le tour qui était au milieu au départ (fig. 5b, 6b). Le serrage est assez délicat mais, une fois maîtrisé, le nœud doit ressembler aux figures 7 et 8.

fig. 1

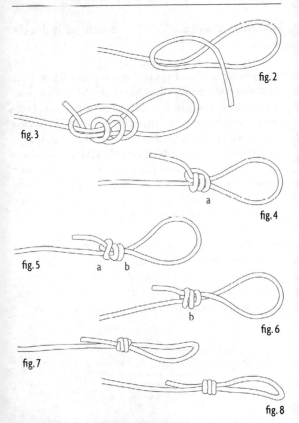

fig. 2

fig. 3

fig. 4
a

fig. 5
a   b

fig. 6
b

fig. 7

fig. 8

HARNAIS SIMPLE
Anglais : *harness loop*

Boucle sur le double
Difficulté : ★★★

À l'époque des charrettes, une équipe d'hommes était souvent amenée à aider le cheval à sortir son fardeau d'un chemin particulièrement boueux. Pour une prise optimale, on façonnait une série de boucles de harnais suffisamment grandes pour passer autour de l'épaule de chaque homme prêt à donner un coup de main sur la corde à haler. Certes, la qualité des routes s'est améliorée depuis, mais on peut toujours trouver une utilisation pour ce nœud dans des endroits où un véhicule ne peut pas accéder.

Méthode : faisons un bretzel (fig. 1), puis passons le ballant par-dessous le dormant et à travers la ganse de droite (fig. 2) ; ensuite, ajustons la taille du harnais et serrons le nœud (fig. 3). On peut tirer sur la corde de chaque côté du nœud sans défaire le harnais.

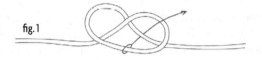

fig. 1

fig. 2

fig. 3

LES NŒUDS D'AJUT

NŒUD SIMPLE D'AJUT

Anglais : *overhand bend* Difficulté : ★ ★ ★

Utiliser un nœud simple pour joindre deux cordes ensemble est une solution facile, mais pas très satisfaisante quant à sa solidité et à sa qualité esthétique. Néanmoins, cet élément a sa place dans le répertoire des nœuds parce que c'est le nœud que font la plupart des ramasseuses-presses pour nouer les bottes de foin (*cf.* le nœud de botteleuse). Après une forte traction, il est quasi impossible à défaire et doit être coupé : c'est donc un nœud à ne pas faire sur de la corde qui coûte cher !

Méthode : Mettons les extrémités des deux cordes côte à côte, puis faisons un nœud simple (fig. 1) et serrons l'ensemble (fig. 2).

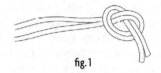

fig. 1

fig. 2

NŒUD DROIT

Anglais : *reef bend*

Difficulté : ★★★

Un nœud plat qui joint deux cordes ensemble sans avoir de support sur lequel le nœud puisse s'appuyer s'appelle un «nœud droit». Il est assez fiable quand il est fait avec une corde plutôt molle et souple ; en revanche, sur une corde dure et raide, il est très instable et risque de se défaire, donc on évite de l'utiliser dans des situations où il y a des risques de blessures graves (sur une corde à grimper, avec des charges lourdes, des remorques, etc.).

Méthode : faisons un demi-nœud avec les extrémités des deux cordes (fig. 1), puis croisons le courant de devant sur celui de derrière, et passons-le par-derrière et à travers le centre du nœud (fig. 2) ; serrons-le bien fort (fig. 3). Si l'une des ganses du nœud s'accroche sur un objet, il peut basculer (fig. 4), puis se transformer en tête d'alouette (fig. 5) : dans ce cas, plus rien ne retiendra les cordes ensemble !

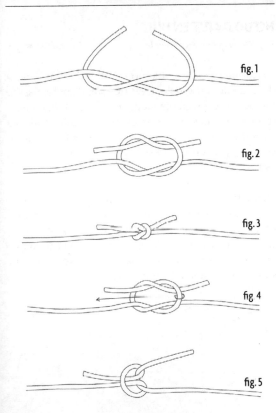

fig. 1

fig. 2

fig. 3

fig 4

fig. 5

NŒUD D'AJUT EN HUIT

Anglais : *figure-of-eight bend*   Difficulté : ★ ★ ★

Les alpinistes utilisent le nœud en huit pour joindre deux cordes ensemble. Il est très sûr, d'apprentissage rapide, et relativement facile à défaire. Il fonctionne très bien sur des cordes lisses, comme celles qui sont utilisées pour la pêche à la ligne. Son seul point faible est son apparence : il est lourd, volumineux et peu esthétique. On ne peut pas tout avoir...

Méthode : faisons un nœud en huit dans une corde (fig. 1), puis prenons-en une autre et suivons la première dans le sens inverse du nœud en huit (fig. 2) ; veillons à ce que les deux cordes suivent le même parcours (fig. 3), puis serrons progressivement pour supprimer tout jeu éventuel (fig. 4).

fig. 1

fig. 2

fig. 3

fig. 4

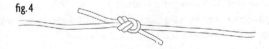

NŒUD D'ÉCOUTE

Anglais : *sheet bend*

Difficulté : ★ ★ ★

Non seulement il est un nœud d'ajut très fiable, mais le nœud d'écoute est aussi capable de réunir des cordages dont le diamètre est très différent. Son nom fait référence à des écoutes de voilier, les cordes qui règlent la position des voiles en fonction du vent. Dans l'ancienne marine, une voile carrée était renforcée par une grosse corde cousue sur tout son périmètre et qui formait une boucle à chaque coin auquel on pouvait attacher les écoutes… avec un nœud d'écoute !

Méthode : commençons par former une ganse sur l'une des cordes (fig. 1), puis passons le courant de l'autre à travers cette ganse (fig. 2) qui fait une demi-clé autour du courant et du dormant de la ganse (fig. 3). Il est préférable, mais non indispensable, que les courants des deux cordes soient sur le même côté (fig. 4), mais cette question ne se pose pas si la ganse est remplacée par une boucle fixe, comme un nœud de chaise.

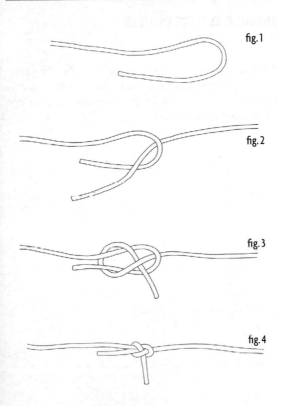

fig. 1

fig. 2

fig. 3

fig. 4

NŒUD D'ÉCOUTE DOUBLE

Anglais : *double sheet bend*   Difficulté : ★ ★ ★

Méthode : ajoutons un tour mort autour de la ganse (fig. 1) pour rendre le nœud d'écoute plus fiable (fig. 2), surtout quand il subit des secousses ou des mouvements brusques.

fig. 1

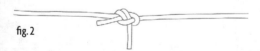

fig. 2

NŒUD D'ÉCOUTE GANSÉ

Anglais : *quick-release sheet bend*   Difficulté : ★★★

Parfois, on a besoin d'un nœud d'ajut, à la fois fiable et rapide à défaire, et, dans ce cas, rien ne vaut le nœud d'écoute gansé. Mais attention ! défaire un nœud sous tension constitue un risque de blessure et cela doit être effectué avec la plus grande prudence.

Méthode : faisons un nœud d'écoute simple mais, avant de réaliser la dernière passe, doublons le courant (fig. 1). Pour le dénouer, il suffit de tirer sur le courant de la ganse (fig. 2a).

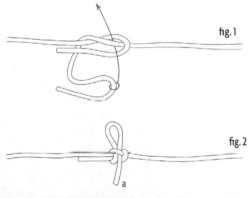

fig. 1

fig. 2

a

NŒUD DE BOTTELEUSE

Anglais : *baling-twine bend*   Difficulté : ★ ★ ★

Sur les ramasseuses-presses classiques, certains fermiers prétendent qu'une forte tension sur la corde produit une meilleure botte de foin, mais qui dit forte tension dit aussi rupture régulière de la corde… Pour réparer la cassure, le nœud d'écoute ferait bien l'affaire si l'extrémité qui sort quasi perpendiculairement du nœud n'avait pas tendance à s'accrocher dans le mécanisme de la machine, d'où la nécessité d'un «nœud profilé». En fait, de par sa forme, le nœud de botteleuse convient à toute jonction de corde qui risque de traîner par terre ou dans la broussaille.

Méthode : formons un nœud d'écoute dont la ganse se fait dans la corde à ajouter (fig. 1) puis, en prenant le courant quasi perpendiculaire, transformons la demi-clé qui entoure la ganse en un nœud en huit (fig. 2a) ; enfin, serrons les parties du nœud qui constituent le nœud d'écoute proprement dit, avant de tirer sur le courant pour le serrage final (fig. 3).

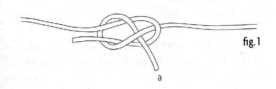

fig. 1

fig. 2

fig. 3

NŒUD DE PÊCHEUR

Anglais : *fisherman's bend*

Difficulté : ★ ★ ★

Attribué spécifiquement aux pêcheurs pour mettre en place leurs lignes de pêche au fond de la mer, le nœud de pêcheur est néanmoins utile dans toutes circonstances et, surtout, il est facile à défaire. Il a la particularité d'être constitué de deux demi-nœuds qui s'aboutent l'un sur l'autre, mais peuvent aussi s'écarter pour former une boucle coulante. Cette dernière peut retenir une corde ou un autre objet par étranglement. Malgré sa construction plus que simple, c'est un nœud d'ajut d'une solidité étonnante.

Méthode : faisons un nœud simple dans l'extrémité d'une corde sans trop le serrer (fig. 1a) et passons le courant de l'autre corde à travers le centre de ce nœud simple (fig. 1b), qui devient ainsi un demi-nœud, puis faisons un demi-nœud autour de son dormant (fig. 2) ; ensuite, serrons bien les demi-nœuds (fig. 3) avant de tirer sur les deux dormants pour abouter les demi-nœuds l'un contre l'autre (fig. 4).

fig. 1
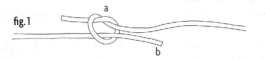

fig. 2
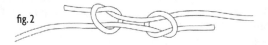

fig. 3

fig. 4

NŒUD D'AGUI

Anglais : *bowline bend*   Difficulté : ★ ☆ ☆

Très adapté pour abouter deux grosses cordes qui, vu leurs dimensions, sont forcément soumises à des tractions fortes, le nœud d'agui (ou «agui» tout court) partage les qualités indéniables du nœud de chaise en termes de fiabilité et de facilité de dénouement. Avec des cordes de dimensions modestes, il faut lui préférer le nœud de carrick ou le nœud d'écoute, qui sont beaucoup moins volumineux et tout aussi efficaces. Les noms «agui» et «laguis» (*cf.* le nœud de laguis) sont empruntés, selon le dictionnaire d'Augustin Jal de 1848, au latin *anguis*, qui veut dire «serpent» (*cf.* le nœud de chaise).

Méthode : formons un nœud de chaise à l'extrémité d'une des cordes (fig. 1), puis passons le courant de l'autre à travers sa boucle (fig. 2) et faisons un deuxième nœud de chaise (fig. 3).

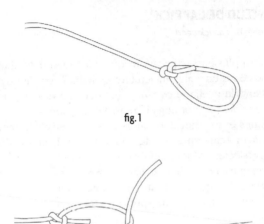

fig. 1

fig. 2

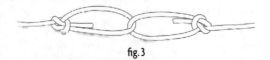

fig. 3

NŒUD DE CARRICK

Anglais : *carrick bend*

Difficulté : ★★☆

Il y a plusieurs explications quant à l'origine du nom de ce nœud d'ajut ancien (et très fiable) : on dit qu'il vient du gaélique *carraig*, qui veut dire «roche», de *curricle*, un mot anglais pour les cabriolets à deux roues et un cheval, ou alors c'est un dérivé du mot marin «carraque» désignant un grand navire du XIVᵉ siècle… Quelles que soient ses origines étymologiques, le nœud lui-même est très connu, tant pour son esthétique que pour ses qualités pratiques (il est facile à défaire même après une très forte traction).

Méthode : faisons une demi-clé sur une corde, puis posons le courant de l'autre dessus (fig. 1) ; ensuite, passons le courant par-dessous le dormant de la première demi-clé, puis verrouillons le tout avec des croisements dessus/dessous pour faire deux demi-clés entrelacées (fig. 2) ; serrons partiellement pour faire un carrick décoratif (fig. 3) ou complètement, pour un nœud d'ajut fiable (fig. 4).

fig. 1

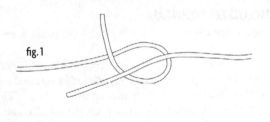

fig. 2

fig. 3

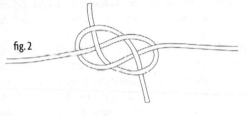

fig. 4

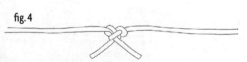

NŒUD EN TONNEAU

Anglais : *barrel knot*

Difficulté : ★★★

Voilà un nœud d'ajut pour les pêcheurs à la ligne, car il fonctionne très bien sur des cordes glissantes telles que les fils en nylon. Pour la plupart des cordes, il faut lui préférer le nœud de carrick ou le nœud d'écoute. Il s'appelle le «nœud en tonneau», car on prétend que, une fois serré, il prend la forme d'un tonneau…

Méthode : mettons les deux extrémités à nouer côte à côte et dans des sens inverses (fig. 1), puis faisons une demi-clé avec le courant d'une corde sur le dormant de l'autre (fig. 2); ensuite, faisons un tour avec le même courant, puis passons-le entre les deux cordes (fig. 3); répétons cette séquence avec l'autre courant pour compléter le nœud (fig. 4); serrons tout doucement le nœud pour bien conserver sa forme (fig. 5); après le serrage, les deux courants sortent du même côté du nœud (fig. 6).

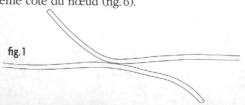

fig. 1

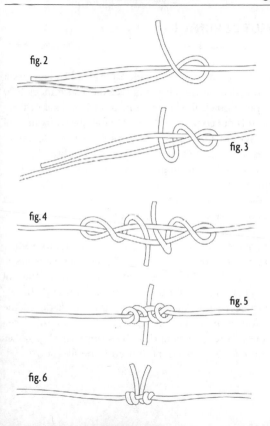

fig. 2

fig. 3

fig. 4

fig. 5

fig. 6

AJUT DE HUNTER

Anglais : *Hunter's bend*   Difficulté : ★★☆

L'invention de ce nœud par le Dr Edward Hunter faisait la une des journaux britanniques dans les années 1970 et provoqua la fondation d'une association sur l'art des nœuds qui compte plus de 1 200 membres aujourd'hui (*cf.* IGKT). Quelques années plus tard, on découvre que le nœud a été aussi « inventé » et publié dans les années 1950 par un gréeur américain : il s'agit donc du nœud de deux inventeurs ! Quel que soit son créateur, son aspect symétrique fait de lui un nœud d'ajut fiable et facile à défaire après une forte traction.

Méthode : faisons un demi-nœud avec l'extrémité d'une des cordes à joindre (fig. 1), puis passons le courant de la deuxième corde par-dessus le courant de la première et à travers son demi-nœud (fig. 2) ; ensuite, complétons le demi-nœud dans la deuxième corde en nous assurant que les deux courants sont côte à côte et sortent des côtés opposés (fig. 3). Les figures 4 et 5 montrent le nœud une fois serré.

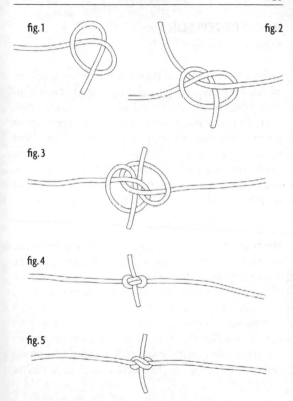

fig. 1

fig. 2

fig. 3

fig. 4

fig. 5

NŒUD DE ZEPPELIN
Anglais : *zeppelin bend*   Difficulté : ★★☆

Selon un article publié dans les années 1970 par un ancien équipier, le capitaine du dirigeable américain *Shenandoah*, Charles Rosendahl, exigea de son équipage d'amarrer son navire de l'air avec ce nœud de sa propre invention et aucun autre. Certains l'appellent le «nœud de Rosendahl» d'après son inventeur mais, quelle que soit son appellation, c'est un nœud facile à faire dans des cordes de modestes dimensions, et un joli coup de main à prendre pour impressionner son entourage.

Méthode : faisons une demi-clé, dont une inversée, sur chacune des deux extrémités à joindre (fig. 1), puis plaçons la demi-clé sur la demi-clé inversée (fig. 2) ; ensuite, passons le courant de dessus à travers les demi-clés, mais par-dessous (fig. 3), et passons le courant de dessous à travers les demi-clés, mais par-dessus (fig. 4) ; enfin, tirons légèrement sur les dormants pour mettre en place la structure du nœud (fig. 5), puis tirons sur les courants pour serrer le tout (fig. 6).

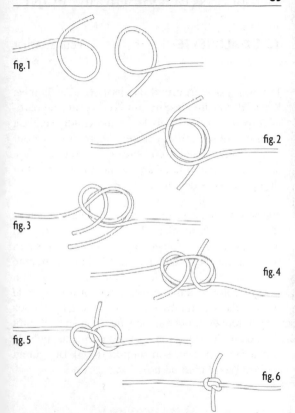

fig. 1

fig. 2

fig. 3

fig. 4

fig. 5

fig. 6

LES NŒUDS SUR SUPPORT

TÊTE D'ALOUETTE
Anglais : *cow hitch*

Pour attacher
Difficulté : ★ ★ ★

Joli nom pour un nœud d'utilisation assez limitée, la tête d'alouette n'est pas un nœud d'attache particulièrement solide, mais le marin de jadis l'utilisait pour ranger ses cordes et le fermier s'en servait pour attacher un animal à un poteau car, contrairement au nœud de cabestan, l'animal peut tourner autour du poteau sans défaire le nœud.

Méthode : nous pouvons le faire directement autour d'un objet, à la manière du nœud de cabestan, en passant par-dessus l'objet pour le premier tour et par-dessous pour le deuxième (fig. 1). Si une extrémité de l'objet est disponible, disons dans le cas d'un poteau enfoncé dans le sol, nous pouvons faire le nœud «dans la main» en faisant une ganse assez longue repliée sur elle-même (fig. 2) ; ensuite, il suffit de rabattre les deux tours sur les dormants, puis de capeler le nœud sur son support (fig. 3). La figure 4 montre l'autre côté du nœud.

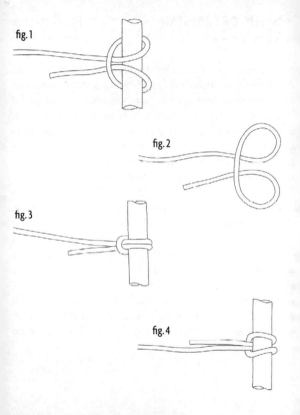

fig. 1

fig. 2

fig. 3

fig. 4

NŒUD DE CABESTAN
Anglais : *clove hitch*

Pour attacher
Difficulté : ★★★

Attacher deux demi-clés directement sur un support s'appelle «réaliser un nœud de cabestan», mais des puristes lui préfèrent le nom de «deux demi-clés à capeler», ce qui a beaucoup moins de charme à mon goût. En tout cas, pour avoir une idée de ses possibilités, il faut le comparer à tous les autres nœuds composés de demi-clés, comme le nœud de cargue fond, le tour mort et deux demi-clés, le nœud de bosse, et j'en passe. Cependant, il a un défaut : une longe de vache est généralement faite de matière végétale, donc, quand elle est mouillée, elle gonfle, ce qui rend le nœud de cabestan très difficile à défaire ; ainsi, il ne faut jamais attacher avec ce nœud une vache qui pourrait bien lui baver dessus…

Méthode : faisons un tour sur le support en passant par-dessus le dormant (fig. 1, 2), puis faisons un deuxième tour, mais cette fois en passant le courant par-dessous (fig. 3, 4).

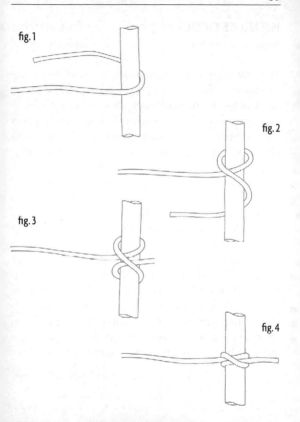

fig. 1

fig. 2

fig. 3

fig. 4

NŒUD DE LICOL
Pour attacher

Anglais : *halter hitch*

Difficulté : ★ ★ ★

Méritant d'être connu de tous les cavaliers du monde en raison de sa simplicité et de son efficacité, le nœud de licol est le meilleur pour attacher sa monture à un anneau, à une barrière ou à tout autre support suffisamment solide pour la retenir. Le plus doué des chevaux ne pourrait pas le défaire en tirant dessus mais, pour son cavalier, libérer Jolly Jumper est un jeu d'enfant : quelle classe à l'école d'équitation !

Méthode : passons le bout du licol dans l'anneau ou autour de la barre à laquelle nous voulons attacher le cheval, puis formons une demi-clé autour du dormant (fig. 1) ; ensuite, doublons le courant et passons la ganse à travers la demi-clé (fig. 1a), ce qui nous donne un nœud coulant gansé (fig. 2) ; serrons bien le nœud (fig. 3), puis passons le courant à travers la ganse (fig. 4) pour empêcher l'animal de le dénouer en tirant sur le courant. Pour défaire le nœud, il suffit d'enlever le courant de la ganse, puis de tirer.

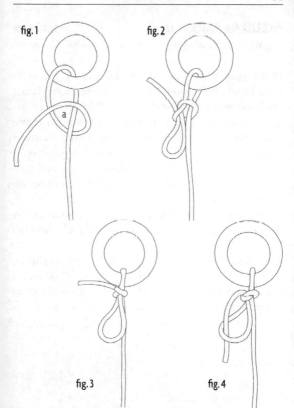

fig. 1

fig. 2

fig. 3

fig. 4

NŒUD DE BARREAU

Pour lever

Anglais : *picket-line hitch*

Difficulté : ★★★

Plus tenace que le nœud de cabestan, on utilise le nœud de barreau pour fixer une drisse de rechange sur la première marche d'une échelle à plans coulissants. On peut également l'employer dans la petite plaisance traditionnelle pour attacher les vergues des voiles au tiers ; pour des voiles plus grandes, il faut lui préférer le nœud de drisse de bonnette, qui est sans doute plus fiable. Son principal atout réside dans le fait qu'il résiste très bien à des secousses et à des mouvements brusques ; son inconvénient est qu'il peut être difficile à défaire quand il est mouillé.

Méthode : faisons une demi-clé sur le barreau (fig. 1), puis faisons-en une deuxième en passant le courant par-dessous son dormant et à travers la demi-clé du départ (fig. 2) ; enfin, serrons le nœud (fig. 3).

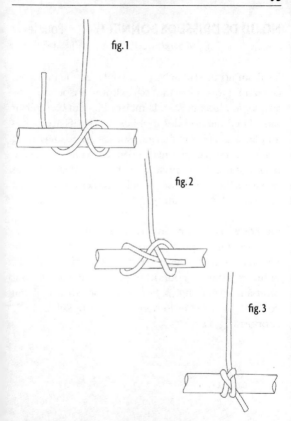

fig. 1

fig. 2

fig. 3

NŒUD DE DRISSE DE BONNETTE   Pour lever

Anglais : *studding-sail bend*   Difficulté : ★★★

Voilà un nœud d'attache pour soulever une barre, un poteau ou tout autre (quasi-) cylindre suspendu sans risque de glissement. À la maison, il peut bien servir dans la confection des mobiles décoratifs accrochés au plafond. Dans la marine, sur les grands navires à voiles carrées, les bonnettes sont des voiles d'appoint pour augmenter la prise au vent du bateau lors des petites brises ; les drisses sont les cordes qui soulèvent les voiles dans la mâture.

Méthode : commençons avec un tour mort sur le support (fig. 1), puis passons le courant autour du dormant, sous le tour mort et sous lui-même (fig. 2) ; enfin, replions le courant et passons-le sous le tour mort à nouveau (fig. 3). Pour qu'il soit efficace, il faut veiller à bien serrer le nœud le plus possible sur le support (fig. 4).

fig. 1

fig. 2

fig. 3

fig. 4

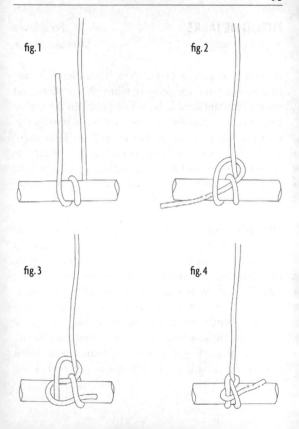

NŒUD DE JARRE
Anglais : *jar sling*

Pour lever
Difficulté : ★★★

Ajouter une anse à une grosse bouteille ou à une bonbonne, pour une prise en main plus pratique, est un jeu d'enfant avec le nœud de jarre. En effet, c'est une astuce extrêmement efficace pour partager le transport du pique-nique car les enfants se bousculeront pour porter le vin et la limonade! Même si le nœud de jarre tient le col du récipient comme dans un étau, il faut néanmoins bien soigner le serrage pour les bons millésimes!

Méthode : doublons la corde pour faire une tête d'alouette et passons une boucle sur l'autre pour créer une fente au milieu (fig. 1); vrillons la fente (fig. 2), puis passons le ballant de départ par-dessous et à travers la nouvelle fente (fig. 3); ensuite, passons le nœud simple du haut autour de l'autre et vers le bas (fig. 4); idem pour l'autre (fig. 5); enfin, plaçons le centre du nœud autour du col de la bouteille (fig. 6a), puis tirons sur la ganse et les dormants pour serrer le tout (fig. 7). Voir «anse autoréglable» pour la suite.

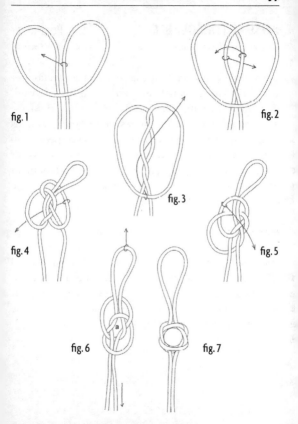

fig. 1

fig. 2

fig. 3

fig. 4

fig. 5

fig. 6

fig. 7

ANSE AUTORÉGLABLE

Anglais : *Asher's equalizer*

Pour lever

Difficulté : ★ ★ ★

Pour compléter le nœud de jarre, il faut confectionner une anse avec la boucle et les deux dormants. Au fil des années, maintes façons de faire cette opération sont apparues dans des livres de référence sur les nœuds, mais il a fallu attendre la fin des années 1980 pour qu'un médecin anglais du nom de Harry Asher publie la solution de loin la plus simple, tellement simple que l'on peut se demander pourquoi personne n'y avait songé auparavant!

Méthode : passons l'un des dormants de la tête d'alouette du départ à travers la boucle du nœud de jarre (fig. 1), puis nouons-le à l'autre avec un nœud droit (fig. 2); l'anse peut être confectionnée plus ou moins grande selon la position du nœud droit sur les dormants; ensuite, c'est très facile d'ajuster l'anse pour la prise en main (fig. 3).

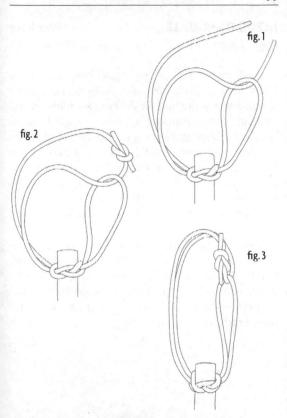

fig. 1

fig. 2

fig. 3

NŒUD D'ANGUILLE   Pour haler

Anglais : *timber hitch*   Difficulté : ★ ★ ★

Utilisé autrefois par les bûcherons pour tracter des fûts d'arbres et par les archers médiévaux pour armer leurs arcs, aujourd'hui, en dehors des forêts et des châteaux forts, on trouve le nœud d'anguille sur le chevalet d'une guitare classique ou d'un ukulélé des îles Hawaii comme nœud d'attache pour les cordes. Malgré sa simplicité, il tient bien sur des supports légèrement rugueux. Cependant, son efficacité, sa ténacité, réside dans la friction créée entre les tours et le support, donc il ne faut pas hésiter à en ajouter!

Méthode : faisons un tour du support, puis une demi-clé sur le dormant et encore un tour supplémentaire (fig. 1) ; ensuite, serrons le nœud en tirant sur le dormant, puis sur le courant (fig. 2). Selon les besoins, on peut effectuer plusieurs tours pour incorporer plus de friction dans le nœud.

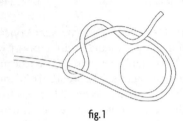

fig. 1

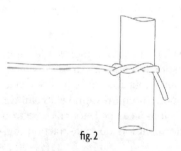

fig. 2

NŒUD DE BOSSE

Pour haler

Anglais : *rolling hitch*

Difficulté : ★ ★ ★

La plupart des nœuds d'attache sont conçus pour une traction perpendiculaire au support (ex. : le nœud de cabestan) ; or, parfois, on est amené à tirer horizontalement sur le nœud, d'où l'intérêt du nœud de bosse. Les marins de plaisance s'en servent pour dégager une écoute coincée sur un winch sans dérégler la voile. On peut également le nouer sur un poteau ou sur un arbre afin de créer un point de suspension temporaire pour un objet tel qu'une lampe, un panneau d'information, ou même une grappe de ballons pour aider les amis à trouver la maison lors d'un anniversaire.

Méthode : faisons un tour mort sur le support (fig. 1), puis passons le courant par-dessus le dormant et verrouillons le tout avec une demi-clé inversée (fig. 2) ; notons que le nœud ressemble à celui de cabestan (fig. 3) ; veillons à ce que le tour mort se trouve coincé sous le dormant lors de toute traction (fig. 4).

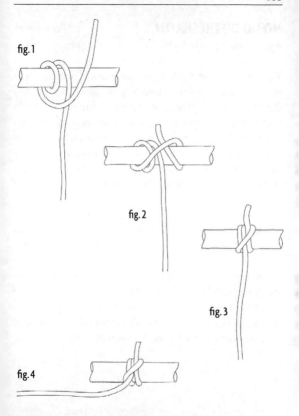

fig. 1

fig. 2

fig. 3

fig. 4

NŒUD D'ÉTRÉSILLON Pour haler

Anglais : *marlinespike hitch* Difficulté : ★★☆

Tirer sur une corde de petite dimension peut se révéler difficile, et même douloureux, donc il convient d'interposer un objet, tel qu'un tournevis, entre la corde et ses doigts pour faire office de poignée. La méthode la plus simple pour relier la corde à notre tournevis est de faire un ou plusieurs tours morts, mais ce n'est pas une solution particulièrement efficace, d'où l'intérêt du nœud d'étrésillon. Il paraît que le mot « étrésillon » est synonyme de « bâillon »!

Méthode : posons le tournevis sur la corde, puis passons la corde autour de son bout (fig. 1); ensuite, tournons vers la droite le tournevis pour former une demi-clé dans la corde (fig. 2), puis replions cette demi-clé sur la corde (fig. 3); enfin, verrouillons le tout en passant le tournevis derrière le dormant et à travers la demi-clé (fig. 3a, 4). Le nœud se serre tout seul dès que l'on tire sur le tournevis (fig. 5).

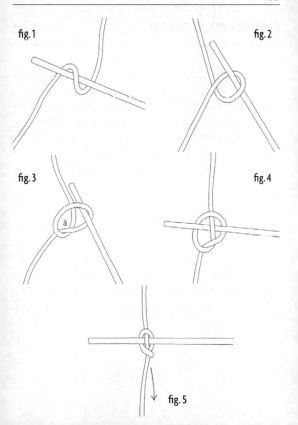

fig. 1

fig. 2

fig. 3

fig. 4

fig. 5

ÉLINGUE POUR PALAN   Pour haler

Anglais : *tackle sling*   Difficulté : ★★★

Parfois, il est nécessaire de tirer sur une corde pour la mettre sous une forte tension tout en gardant son extrémité libre pour l'attacher à un point fixe. Dans le cas d'une écoute de voile sur un yacht moderne, le navigateur peut se servir d'un winch et du nœud de bosse mais, dans d'autres situations, il faut employer une élingue et un palan muni de crochets.

Méthode : prenons une longueur convenable de corde solide et nouons ses extrémités avec un nœud droit, par exemple, pour faire une élingue (fig. 1) ; ensuite, plions l'élingue en double et passons-la autour de la corde à tirer en faisant des croisements réguliers (fig. 2) ; enfin, plaçons les deux ganses de l'élingue pour pouvoir y accrocher le palan (fig. 3a). Plus il y a de croisements, moins l'élingue glissera sur la corde lors de la traction.

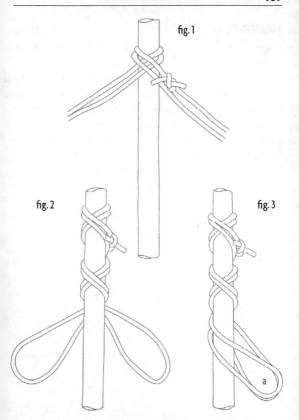

fig. 1

fig. 2

fig. 3

a

NŒUD PLAT   Ligature

Anglais : *reef knot*   Difficulté : ★ ★ ★

Le nœud plat est un nœud d'attache qu'on fait autour d'un support, tel un sac, pour le fermer. Les marins de jadis l'utilisaient pour réduire la taille de leurs voiles (*cf.* le nœud plat gansé). Le nœud de lacet est en fait un plat à deux ganses. Il faut éviter d'utiliser le plat comme un nœud d'ajut pour des charges lourdes ou fragiles, car il a tendance à se défaire s'il s'accroche sur quelque chose (*cf.* le nœud droit). Pour bien comprendre son utilité, il convient de le comparer à ses cousins qui sont le nœud droit, le nœud de vache et le nœud de voleur.

Méthode : d'abord, nouons un demi-nœud, puis ajoutons un deuxième demi-nœud par-dessus (fig. 1) ; une fois le tout serré (fig. 2), vérifions que le dormant et le courant de chaque corde se trouvent tous les deux soit devant, soit derrière la ganse formée par l'autre corde. Si ce n'est pas le cas, le résultat est un nœud de vache. Ajoutez une ganse pour le rendre plus facile à défaire (fig. 3 et 4).

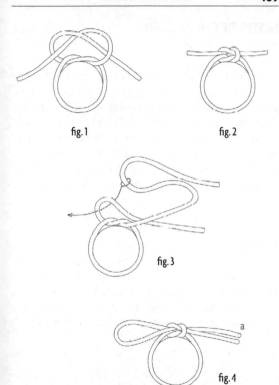

fig. 1

fig. 2

fig. 3

fig. 4

NŒUD DE CHIRURGIEN   Ligature

Anglais : *ligature knot*   Difficulté : ★ ★ ★

Un chirurgien qui connaît les nœuds choisira celui qui porte son nom pour nouer un point de suture pour la simple raison que ce dernier n'a besoin que de subir une traction modérée pour tenir, et qu'il permet donc d'écarter tout risque de déchirement de la peau. Dans des cas médicaux plus sérieux, cette attache intervient dans la confection d'une ligature pour arrêter une hémorragie ou lors d'une ablation. En réalité, le nœud de chirurgien partage la même forme qu'un nœud simple double (fig. 1).

Méthode : passons la corde autour de l'objet à ligaturer, puis faisons un demi-nœud avec une passe supplémentaire (fig. 2) ; ajustons la tension du nœud, puis faisons la même chose dans le sens inverse à la manière du nœud plat (fig. 3), pour le verrouiller (fig. 4). La figure 5 montre le nœud vu de dessus.

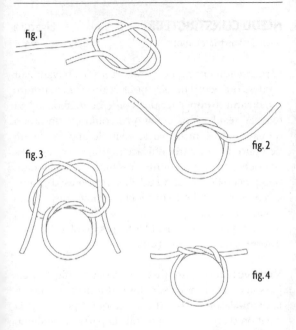

fig. 1

fig. 2

fig. 3

fig. 4

fig. 5

NŒUD CONSTRICTEUR   Ligature

Anglais : *constrictor knot*   Difficulté : ★★☆

Particulièrement pratique pour tous les travaux sur cordes, on peut l'utiliser pour réaliser une surliure rapide afin d'empêcher une corde de s'effilocher. Sa ténacité réside dans le fait qu'il comporte un nœud de cabestan dont la partie centrale appuie sur un demi-nœud. Il est très efficace pour fermer des sacs-poubelle ou pour retenir ensemble les tiges d'un bouquet de fleurs. Le nœud constricteur est d'origine assez récente et il est sans doute nommé ainsi d'après le serpent d'Amérique du Sud, *Constrictor constrictor*, dont les qualités formidables lui ressemblent : quand il serre, on a du mal à l'enlever !

Méthode : faisons un nœud de cabestan (fig. 1), puis passons le courant par-dessus le dormant et à travers la demi-clé de départ (fig. 2), ce qui a pour effet la création d'un demi-nœud sous la partie centrale du nœud (fig. 3).

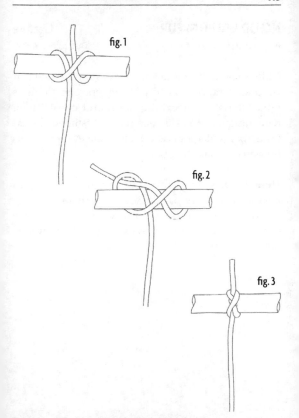

fig. 1

fig. 2

fig. 3

NŒUD ÉTRANGLEUR

Anglais : *strangle knot*

Ligature

Difficulté : ★★☆

Malgré son nom épouvantable, le nœud étrangleur n'a aucun rapport avec Jack l'Éventreur. Certains noueurs préfèrent celui-ci au nœud constricteur, mais uniquement pour des raisons esthétiques, car les deux nœuds sont de qualité égale et serrent tous les deux comme un étau.

Méthode : faisons un nœud de cabestan (fig. 1), puis passons le courant par-dessous le dormant (fig. 2) et autour de celui-ci (fig. 3) ; une fois serrée, la partie centrale du nœud paraît plus compacte qu'avec le nœud constricteur (fig. 4).

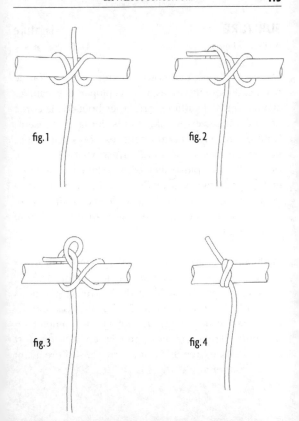

fig. 1

fig. 2

fig. 3

fig. 4

SURLIURE

Anglais : *whipping*

Ligature

Difficulté : ★★☆

Une fois coupée, une corde va s'effilocher si l'on ne fait rien de ses extrémités. Pour la plupart des matières synthétiques, il suffit de brûler les bouts de la corde afin de souder ensemble les fils qui la composent ; d'autres matières, notamment les fibres naturelles, ne fondent pas, donc souder n'est pas toujours une option. Il existe plusieurs façons de faire une surliure, et la plus simple est sans doute d'effectuer une série de demi-nœuds autour de la corde et de finir avec un nœud plat, mais ce dernier a tendance à se défaire avec le temps.

Méthode : faisons une demi-clé sur la corde à ligaturer (fig. 1), puis appliquons plusieurs tours morts (fig. 2) ; ensuite, posons le dormant du fil avec lequel nous faisons la surliure sur la corde (fig. 3) et continuons les tours morts (fig. 4) ; en tout, il faut compter un minimum de 8 tours morts (fig. 5) ; enfin, tirons fort sur les deux extrémités pour serrer la surliure avant de les couper au ras (fig. 6).

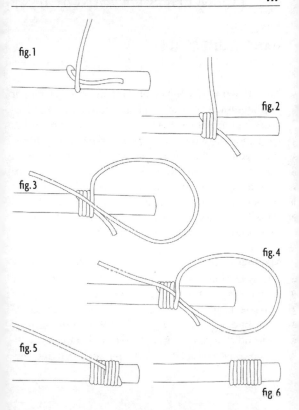

fig. 1

fig. 2

fig. 3

fig. 4

fig. 5

fig 6

RANGER UNE CORDE

Anglais : *stow a rope*   Difficulté : ★ ★ ★

Enrouler une corde sur elle-même pour la ranger s'appelle «lover», et le résultat, une «glène». Les cordiers font tenir leurs cordes lovées avec de petits fils qu'ils nouent autour de la glène à plusieurs endroits, mais cette technique n'est pas la plus pratique en dehors de la corderie. La solution montrée dans ce livre a l'avantage de créer une boucle avec laquelle on peut accrocher la glène sur un clou ou un crochet dans le garage, ou encore dans la soute du bateau en attendant sa prochaine utilisation.

Méthode : enroulons la corde avec plusieurs tours réguliers, puis doublons l'extrémité de la corde pour en faire une ganse (fig. 1) ; ensuite, passons la ganse derrière la glène et à travers la fente créée par le courant et le haut de la glène (fig. 2a) ; enfin, serrons le nœud et accrochons la glène pour la ranger (fig. 3). Notons que cette solution ressemble au nœud d'écoute.

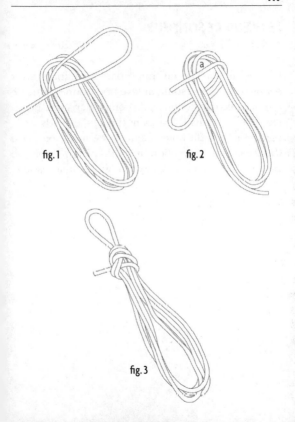

fig. 1

fig. 2

a

fig. 3

LE NŒUD DE SONNEUR

Anglais : *bellringer's knot*   Difficulté : ★ ★ ★

Pour éviter qu'elle ne traîne par terre après avoir sonné le tocsin, le sonneur love une bonne partie de sa corde de cloche, puis il la coince dans une demi-clé qu'il fait dans le dormant (fig. 1). Le poids de la corde lovée suffit pour retenir la demi-clé en place (fig. 2). C'est une solution très utile pour ranger une corde quand l'une de ses extrémités est inaccessible.

fig. 1   fig. 2

NŒUD DE JAMBE DE CHIEN

Anglais : *sheepshank*　　　　　Difficulté : ★★☆

Raccourcir une corde sans la couper? Rien de plus simple : le nœud de jambe de chien! En effet, il suffit d'isoler la longueur de cordage à enlever dans un tour (fig. 1), de l'aplatir (fig. 2), puis de passer chaque ganse dans une demi-clé tournée dans le dormant (fig. 3, 4, 5). Les demi-clés suffisent pour maintenir en place la partie raccourcie de la corde (fig. 6) dont la longueur est réduite de deux fois la distance entre les deux demi-clés. Il est possible de faire un nœud de jambe de chien avec une corde lovée à la place du tour central (fig. 7) pour réduire une corde de manière significative. On peut remplacer les demi-clés par des nœuds de cabestan pour plus de sécurité. Enfin, sur un tableau de nœuds, il convient de mettre en parallèle les trois cordes du centre (fig. 8) pour faire plus joli…

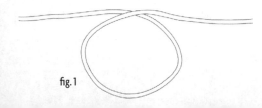

fig. 1

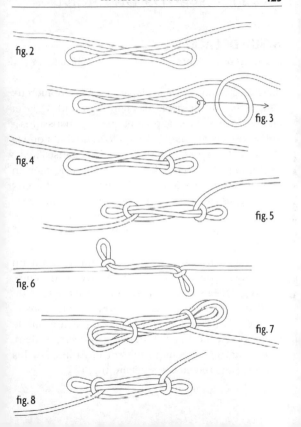

fig. 2

fig. 3

fig. 4

fig. 5

fig. 6

fig. 7

fig. 8

LES NŒUDS DE LACET

NŒUD DE LACET

Anglais : *shoelace knot*   Difficulté : ★ ★ ★

Malgré ce qu'imaginent la plupart des gens, nombreux sont ceux qui ne savent pas faire le nœud de lacet et, en conséquence, ne portent que des chaussures à Velcro ou des mocassins. Un nodologue dirait que le nœud de lacet est en fait un plat à deux ganses mais, quel que soit son nom, il est parfait pour fermer un paquet-cadeau ou décorer une jolie tresse de cheveux quand il est réalisé avec un beau ruban. Inutile de dire qu'il faut éviter de l'utiliser comme nœud d'ajut, car il est peu stable sans support.

Méthode : nouons les deux bouts du lacet en un demi-nœud, puis faisons une ganse avec l'un d'entre eux (fig. 1) ; ensuite, passons l'autre bout autour du premier puis, en le prenant par son milieu, tirons-le à travers le nœud (fig. 2) ; notons en passant que le nœud de lacet est en fait un plat gansé sur les deux bouts (fig. 3) ; serrons fortement en tirant sur les ganses, sans toutefois les défaire (fig. 4).

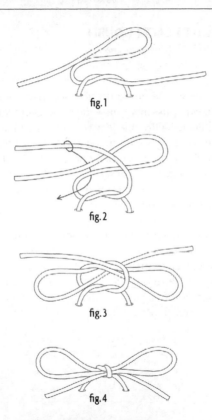

fig. 1

fig. 2

fig. 3

fig. 4

NŒUD DE LACET DOUBLE

Anglais : *double shoelace knot*   Difficulté : ★★☆

Le nœud de lacet double est de loin une solution plus élégante que le nœud de lacet sécurisé pour nouer des lacets glissants qui se défont facilement. Il est aussi facile à faire que le nœud de lacet, mais il tient beaucoup mieux. Le seul bémol est qu'il a tendance à coincer si on essaie de le défaire en tirant sur les boucles plutôt que sur les bouts du lacet. Pour cette raison, il n'est pas recommandé pour les chaussures des jeunes enfants.

Méthode : démarrons comme pour le nœud de lacet simple avec un demi-nœud et une ganse (fig. 1) ; ensuite, faisons un tour mort sur la ganse (fig. 2), puis gansons l'autre bout de lacet et passons-le à travers ce tour mort (fig. 3) ; enfin, tirons sur les deux boucles pour serrer le nœud (fig. 4).

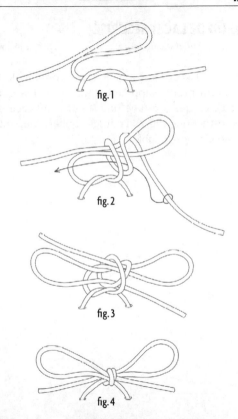

fig. 1

fig. 2

fig. 3

fig. 4

NŒUD DE LACET SÉCURISÉ

Anglais : *secured shoelace knot*   Difficulté : ★★☆

Pour les lacets récalcitrants, il est courant de faire un demi-nœud supplémentaire avec les ganses (fig. 1), ce qui constitue une solution efficace, mais peu esthétique (fig. 2). Pour les adultes, préférons le nœud de lacet double !

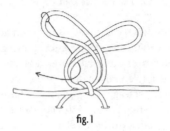

fig. 1

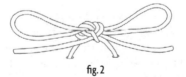

fig. 2

NŒUD DE LACET À UNE MAIN

Anglais : *single-handed shoelace knot*   Difficulté : ★ ★ ★

À cause d'un handicap ou à la suite d'un accident de travail, voire d'un accident cérébral, pour certaines personnes, porter des chaussures à lacets est quasiment impossible en raison de problèmes de motricité. Cependant, il est tout à fait possible de faire ses lacets avec une seule main et ainsi d'éviter d'être condamné à porter des chaussures à Velcro ou des mocassins. Cela peut paraître une affaire mineure, mais parfois ce sont les petites choses qui contribuent au bon état psychologique de la personne : cela permet de faire comme tout le monde.

Méthode : formons un nœud simple pour arrêter une extrémité du lacet, puis faisons un laçage parallèle en partant d'un œillet du haut (fig. 1) ; ensuite, remontons l'autre bout du lacet et passons-le à travers l'œillet du haut en face du nœud simple (fig. 2) ; enfin, la tension du lacet est retenue avec une demi-clé gansée (fig. 3).

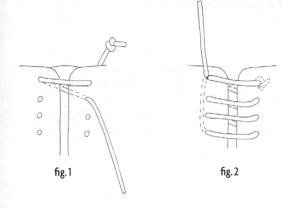

fig. 1

fig. 2

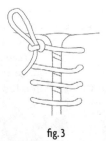

fig. 3

LAÇAGE CROISÉ
Anglais : *cross lacing*   Difficulté : ★ ★ ★

Tous les laçages de ce livre sont montrés sur des chaussures, mais on peut appliquer ces techniques à tout autre support (vêtements, fourreaux, gaines, etc.) ainsi qu'à la couture. Le laçage croisé, comme le laçage en épi, est particulièrement adapté à des chaussures de sport, car le lacet traverse les derniers œillets avant le nœud de l'extérieur vers l'intérieur, ce qui ajoute de la friction supplémentaire, et donc une meilleure tenue en mouvement. Cependant, on doit considérer que le laçage croisé est, avant tout, un laçage décoratif et un peu fantaisiste.

Méthode : commençons en passant le lacet à travers les deux œillets les plus bas de manière à ce que la partie du lacet entre les deux œillets soit à l'intérieur de la chaussure (fig. 1), puis passons chaque bout du lacet à travers l'œillet qui se trouve au-dessus de lui et en face (fig. 2) ; enfin, terminons avec un nœud de lacet.

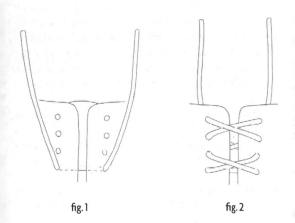

fig. 1   fig. 2

LAÇAGE PARALLÈLE

Anglais : *parallel lacing*   Difficulté : ★ ★ ★

Le laçage parallèle n'est pas le plus efficace des laçages, ni le plus décoratif, mais c'est un laçage très sobre qui trouvera sa place sur les chaussures de celui, ou de celle, qui veut donner une image de lui sérieuse et formelle. Il est malgré tout assez laborieux d'égaliser les longueurs des deux bouts du lacet mais, une fois cette opération effectuée, le lacet ne bouge plus.

Méthode : commençons en passant le lacet à travers l'un des œillets les plus hauts et à travers l'un des plus bas, avec la partie du lacet entre les deux œillets à l'intérieur de la chaussure (fig. 1), puis passons le bout de lacet du bas à travers l'œillet qui se trouve en face et remontons, d'œillet en œillet, vers le haut (fig. 2) ; enfin, terminons avec un nœud de lacet.

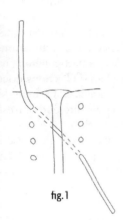

fig. 1

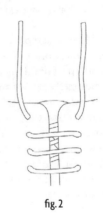

fig. 2

LAÇAGE EN ÉPI

Anglais : *herringbone lacing*

Difficulté : ★ ☆ ☆

Voilà le laçage par excellence pour les grands sportifs en tout genre qui exigent de leurs chaussures une tenue parfaite dans des conditions particulièrement éprouvantes. C'est un laçage plein de frictions dont le serrage peut être ajusté de manière différente de haut en bas. Côté décoratif, on peut dire que ce n'est pas aussi sobre que le laçage parallèle, mais en même temps c'est moins fantaisiste que le laçage croisé : cela constitue un bon compromis esthétique ! En plus, il tient bien les chaussures sur les pieds, sans nœud de lacet.

Méthode : commençons en passant le lacet à travers les deux œillets les plus bas, avec la partie du lacet entre les deux œillets à l'intérieur de la chaussure (fig. 1), puis passons chaque bout de lacet à travers l'œillet qui se trouve au-dessus de lui et en face, mais de l'intérieur vers l'extérieur (fig. 2) ; enfin, terminons avec un nœud de lacet.

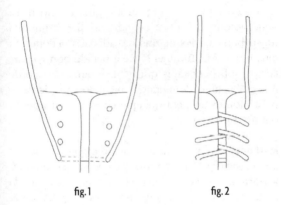

fig. 1   fig. 2

LES NŒUDS À PLAT

BONNET TURC À PLAT

Anglais : *flat Turk's head*   Difficulté : ★★☆

Ce nœud tient son nom du fait que, quand il est noué autour d'un objet cylindrique, il ressemble à un turban que les marins de jadis associaient aux musulmans de Turquie. Noué à plat, le bonnet turc fait un joli petit tapis qui, réalisé dans une corde fine et élégante, donnerait un beau dessous de verre pour ajouter un petit quelque chose à tout apéritif ou dîner entre amis.

Méthode : commençons avec un bretzel et un courant assez long (fig. 1), puis passons le courant par-dessous le dormant et verrouillons le bretzel en respectant la règle des croisements dessus/dessous (fig. 2) ; complétons la figure en plaçant le courant en parallèle au dormant (fig. 3) ; enfin, vérifions que le courant est suffisamment long pour doubler (fig. 4) puis tripler (fig. 5) la figure. Serrons progressivement pour conserver la belle forme du nœud. Pour un bonnet turc en 3D, il suffit de passer un objet cylindrique à travers le centre du nœud, puis de le serrer autour.

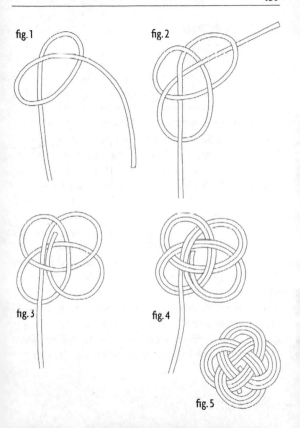

fig. 1

fig. 2

fig. 3

fig. 4

fig. 5

NŒUD DE PITON

Anglais : *thump mat*   Difficulté : ★★★

Non, cela n'a rien à voir avec le serpent tué par Apollon. En fait, le piton en question est une fixation à œil qui se trouve sur les voiliers pour attacher leurs poulies de gréement. Les marins de jadis faisaient un nœud en corde usée autour des pitons pour amortir le bruit des poulies qui pouvaient cogner sur le pont : c'est un amortisseur! En corde d'environ 6 mm de diamètre, il fait un superbe dessous-de-plat.

Méthode : commençons avec un bretzel et un courant assez long (fig. 1), puis passons le courant à travers la fente de droite du bretzel (fig. 1a) ; ensuite, posons le courant sur la ganse créée en dessous du bretzel (fig. 2a), puis passons-le par-dessous le dormant (fig. 3) et verrouillons le tout en respectant la règle des croisements dessus/dessous (fig. 4) ; complétons la figure en plaçant le courant en parallèle au dormant (fig. 5) ; enfin, vérifions que le courant est suffisamment long pour doubler (fig. 6) puis tripler (fig. 7) la figure.

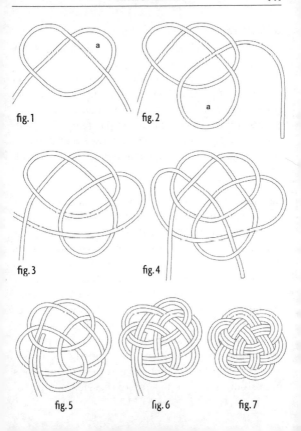

fig. 1

fig. 2

fig. 3

fig. 4

fig. 5

fig. 6

fig. 7

BADERNE

Anglais : *ocean plat*   Difficulté : ★★★

Voilà comment faire un beau paillasson avec de la corde. Il est particulièrement indiqué, par sa forme, pour être cloué sur les marches d'un escalier afin de les rendre moins glissantes par temps humide. Au fait, traiter quelqu'un de «baderne» veut dire que son âge ou sa santé le mettent hors d'état de rendre des services !

Méthode : doublons une assez longue corde et formons un nœud simple avec une grande boucle (fig. 1), puis tirons sur les parties intérieures du nœud simple pour faire deux grandes ganses (fig. 2) ; ensuite, vrillons ces ganses pour faire des demi-clés (fig. 3) et posons celle de droite sur l'autre (fig. 4) ; maintenant, passons le courant de gauche par-dessous l'une des demi-clés, par-dessus les deux et par-dessous l'une (fig. 5), et passons l'autre courant en respectant la règle des croisements (fig. 6) ; complétons la figure en plaçant le courant en parallèle au dormant (fig. 7) ; enfin, vérifions que les courants sont suffisamment longs pour doubler (fig. 8) puis tripler (fig. 9) la figure.

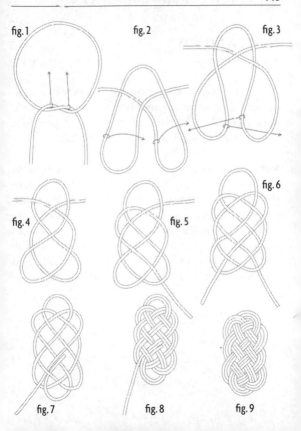

fig. 1

fig. 2

fig. 3

fig. 4

fig. 5

fig. 6

fig. 7

fig. 8

fig. 9

CORDE À NŒUDS

Anglais : *fireman's knot*

Difficulté : ★ ★ ★

Avec cette astuce, il est possible d'ajouter très rapidement une série de nœuds simples à une corde pour la rendre plus facile à escalader et, bien sûr, impressionner la galerie avec sa dextérité !

Méthode : faisons une série de demi-clés autour de la main (M, fig. 1, 2, 3), puis passons le bout de derrière (le courant) à travers le centre de toutes les demi-clés (fig. 4a) ; tirons sur la corde pour faire apparaître les nœuds simples (fig. 5) ; pour enlever les nœuds, ouvrons tous les nœuds simples, puis repassons le courant (fig. 6) à travers le centre pour le remettre où il était au départ : les nœuds disparaîtront !

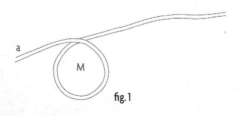

fig. 1

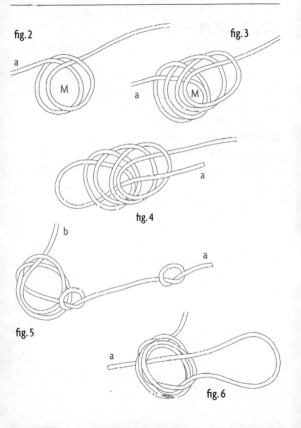

fig. 2

fig. 3

fig. 4

fig. 5

fig. 6

BOUCLE DE PÊCHEUR

Anglais : *fisherman's loop*   Difficulté : ★★★

Voilà un joli tour de main pour faire une boucle avec un nœud de pêcheur sans avoir recours aux extrémités de la corde.

Méthode : faisons un tour en passant par-dessus le dormant, puis un deuxième en passant par-dessous le dormant (fig. 1) ; ensuite, replions le ballant (fig. 1a) derrière les tours, puis faisons-le sortir par l'ouverture du milieu (fig. 1b) pour former un demi-nœud de chaque côté de la ganse centrale (fig. 2) ; ensuite, descendons le demi-nœud de dessus (fig. 2a) vers le dormant en passant autour de l'autre demi-nœud (fig. 2b) ; enfin, serrons les nœuds autour du dormant (fig. 3), puis tirons sur la boucle pour les rapprocher (fig. 4).

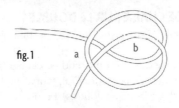

fig. 1

a   b

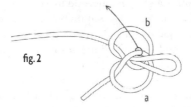

fig. 2

b

a

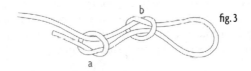

b

fig. 3

a

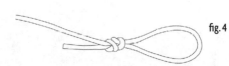

fig. 4

NŒUD DE CHAISE SUR LE DOUBLE

Anglais : *bowline in the bight*   Difficulté : ★★☆

Est-il possible de faire un nœud de chaise sans avoir accès aux bouts de la corde? Oui, tout à fait, et en plus muni de deux boucles solides! Le nœud de chaise sur le double constitue un joli casse-tête marin et figure dans tous les manuels de marine. Cependant, je ne l'ai jamais vu utilisé sur un bateau pour quelque utilisation que ce soit… le nœud de chaise de calfat étant de loin le plus pratique et plus modifiable des nœuds à deux boucles.

Méthode : doublons la corde et faisons la demi-clé de départ du nœud de chaise (fig. 1), puis passons la ganse à travers la demi-clé, comme d'habitude (fig. 2); ensuite, replions la ganse sur elle-même (fig. 3a) et passons-la derrière le nœud (fig. 4a); enfin, tirons sur la boucle (fig. 4b) pour serrer le tout (fig. 5).

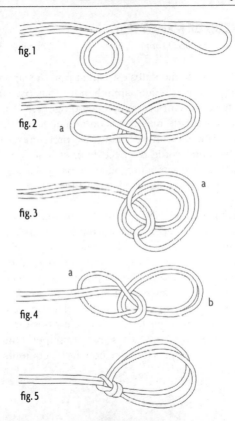

fig. 1

fig. 2

a

fig. 3

a

a

fig. 4

b

fig. 5

NŒUD DE MENOTTES

Anglais : *handcuff knot*   Difficulté : ★ ★ ★

Le nœud de menottes est parfait pour les apprentis policiers qui veulent appréhender tout parent qui se trouve en infraction du code du goûter… et c'est un joli tour de main pour un animateur de jeunes (et de moins jeunes) enfants. De préférence, il faut utiliser une corde d'aspect doux et lisse, en coton par exemple, car la friction créée par le serrage peut faire mal aux poignets de la victime.

Méthode : faisons deux demi-clés inversées côte à côte (fig. 1), puis plaçons le dormant de la deuxième sur celui de la première pour créer une fente au milieu du nœud (fig. 2) ; ensuite, tirons chaque côté de la fente à travers sa demi-clé opposée en respectant la règle des croisements (fig. 3) ; enfin, demandons à la victime de mettre une main dans chacune des deux ganses, puis tirons les courants dans des directions opposées (fig. 3, flèches) afin de l'attraper. Pour une séquestration plus durable, nouons les courants avec un nœud plat.

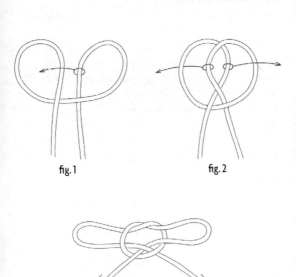

fig. 1

fig. 2

fig. 3

NŒUD IMPOSSIBLE

Anglais : *impossible knot*   Difficulté : ★★☆

Ce petit tour de main doit être accompagné d'un assez bon baratin pour que les spectateurs comprennent bien que notre prestidigitateur est en train de faire un sacré sac de nœuds qui, par sa prouesse dissimulée, va finalement se volatiliser! On peut imaginer un discours du genre : «Alors, je vais vous faire un nœud très compliqué… mais très joli… Je n'y arrive pas toujours. Attendez… je passe par là… ou là? Enfin… raté!»

Méthode : nouons un nœud plat, sans support, dans une corde d'environ 1 m de long (fig. 1); ensuite, passons le courant qui se trouve devant à travers la boucle du bas (fig. 2), puis à travers le centre du nœud plat (fig. 3); enfin, tirons sur les deux courants pour faire disparaître le sac de nœuds!

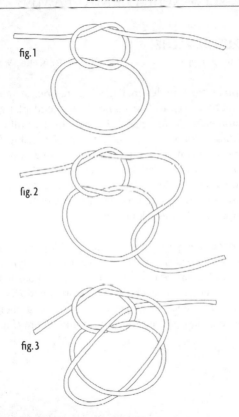

fig. 1

fig. 2

fig. 3

🪢 LES NŒUDS MALFAMÉS

NŒUD DE VACHE

Anglais : *granny knot*　　　　　　　　Difficulté : ★★★

Méprisé par tous les matelots du monde, le nœud de vache est considéré comme un nœud plat raté et, après une forte tension, il peut être très difficile à défaire. Comme si cela ne suffisait pas, comme le nœud d'ajut, il a aussi tendance à glisser avant de «mordre» et de se coincer à tout jamais. En plus, il manque de symétrie. Bref, rien de bon à dire sur ce cousin du nœud plat/droit et mieux vaut l'éviter en compagnie de vieux loups de mer!

Méthode : faisons un demi-nœud avec les extrémités des deux cordes (fig. 1), puis croisons le courant de derrière sur celui de devant; ensuite passons-le par-derrière et à travers le centre du nœud (fig. 2); serrons le nœud par les courants avant de le mettre sous tension pour minimiser tout glissement (fig. 3).

fig. 1

fig. 2

fig. 3

NŒUD DE VOLEUR

Anglais : *thief knot*

Difficulté : ★★☆

Malgré sa ressemblance avec les nœuds plat et droit, on reconnaît le nœud de voleur par le fait que les deux courants du nœud sortent des côtés inverses (fig. 2a, a'). On dit que les marins de jadis fermaient leur sac avec ce nœud pour dépister les voleurs car, si jamais il fouillait dans leurs biens, un malhonnête se trahissait en refermant le sac avec un nœud plat. Même si cette histoire est un peu tirée par les cheveux quand on y réfléchit, il est cependant possible que les marins utilisaient ce nœud pour mettre en garde et pour influer sur la conscience d'un collègue malintentionné. Malheureusement, il n'a aucune utilité pratique car il glisse de manière lamentable.

Méthode : faisons le départ du nœud d'écoute (fig. 1) mais, au lieu de former une demi-clé sur le courant et le dormant de la ganse (fig. 1a), effectuons une deuxième ganse dont le courant sortira à côté de son propre dormant (fig. 2) ; serrons le nœud en tirant simultanément sur le dormant et sur le courant de chaque côté (fig. 3). Si l'on tire uniquement sur les dormants, le nœud se défait (fig. 4).

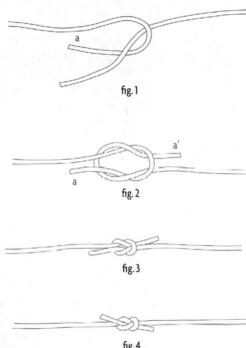

fig. 1

fig. 2

fig. 3

fig. 4

INDEX DES NŒUDS